Schools of Tomorrow

Bibliothek 100 Jahre Gegenwart
herausgegeben von Bernd Scherer
Haus der Kulturen der Welt

SCHOOLS OF TOMORROW

herausgegeben von Silvia Fehrmann

Matthes & Seitz Berlin

Inhaltsverzeichnis

6 Vorwort: Bernd Scherer

10 Einführung: Silvia Fehrmann

22 Demokratie und Erziehung: Schools of *To-morrow*
John Dewey und Evelyn Dewey

34 Ein Brief aus dem Dorf
Sharon Dodua Otoo

48 Das Ende der Zukunft verhindern
Keri Facer

60 Schulen im Shopping-Zeitalter
Gerd Biesta

72 Vom Süden lernen: Die Escola da Cidadania
Luis Armando Gandin

94 Spiel- und Lerndesign: Quest to Learn
Katie Salen Tekinbaş

100 Lernen in der postdigitalen Welt
Daniel Seitz im Gespräch mit Silvia Fehrmann

108 Vom Scheitern und Nichtwissen
Luis Camnitzer im Gespräch mit Franciska Zólyom

118 Die radikale Vergangenheit des Schulbaus
Catherine Burke

136 Von Schulfeen, Smart Schools und Wischmopps:
Der Ideenwettbewerb »Unsere Schule«
Robert Pfützner

150 Schulen als Möglichkeitsraum
Ein Gespräch zwischen Robert Behrendt, Catherine Burke,
Keri Facer, Silvia Fehrmann, Luis Armando Gandin, Maj Hasager
und Robert Pfützner

158 Das Schüler*innenmanifest

Vorwort

Wer die Frage stellt: »Welche Schule wollen wir?«, stellt gleichzeitig die Frage: »Welche Gesellschaft wollen wir?« Auf diesen Zusammenhang haben vor mehr als hundert Jahren John Dewey und Evelyn Dewey in *Schools of To-morrow* hingewiesen. Nun sind aber unsere heutigen Gesellschaften – wie zu Zeiten der Veröffentlichung des Buches 1915 – tiefgreifenden Transformationen ausgesetzt. Diese gilt es zu verstehen, um bestimmen zu können, welche Gesellschaft wir wollen und welche Schule wir dazu benötigen. Das Haus der Kulturen der Welt setzt sich in einer Trilogie mit drei großen Transformationsprozessen auseinander, die alle einen Einfluss auf die »Schule von morgen« haben.

»Das Anthropozän-Projekt« thematisiert die allumfassenden Eingriffe des Menschen in den Planeten, die das Erdsystem destabilisieren. Klimawandel, Rückgang der Biodiversität, Ausbeutung natürlicher Ressourcen, Verschmutzung der Meere sind nur einige der Folgen. Gleichzeitig sind technologische Infrastrukturen entstanden, aus denen eine eigene Sphäre hervorgegangen ist: die Technosphäre, die mit neuen Logiken auf die Umwelt des Menschen einwirkt.

Lange Zeit war es das Ziel des westlichen Moderne-Projektes, die Welt zu beherrschen. Die Natur und lange Zeit auch andere Gesellschaften hatten dabei den Status von Ressourcen, die es im Sinne eines linearen Entwicklungsparadigmas auszubeuten galt. Dieses Projekt, in dem sich der westliche Mensch ausschließlich als Akteur verstand, hat eine Destabilisierung des Erdsystems erzeugt.

Angesichts dieser Situation kommt es darauf an, neue Beziehungen zur Welt aufzubauen. Dabei müssen die Menschen lernen, sich nicht mehr als isolierte Schöpfer*innen ihrer Welt zu betrachten, sondern als Teil von Beziehungsgeflechten, die sich in dynamischen Prozessen entwickeln. Es geht darum, sinnliche Differenzierungsfähigkeiten zu entwickeln, um zu erspüren, welche Folgen unser Tun für die anderen Akteur*innen unserer Welten hat. Und diese anderen Akteur*innen sind nicht nur andere Menschen, sondern auch die Tier- und Pflanzenwelt. Denn wir gefährden als Spezies nicht nur unser Überleben, sondern auch das anderer Spezies. In diesem Sinne wird es eine Aufgabe der Schule von morgen sein, nicht nur gestalterische, sondern auch rezeptive Fähigkeiten zu stärken, um die Bildung ästhetischer Urteilskraft zu befördern.

Gleichzeitig führt das exponentielle Wachstum des Anthropozäns zu steigenden sozialen Ungleichheiten, die eine weltweite Migration ausgelöst haben. Zudem können aufgrund des Klimawandels Menschen vielerorts nicht mehr von ihrem Land leben und sind gezwungen, es zu verlassen. Diese Migrationsbewegungen führen dazu, dass wir in immer komplexeren Gesellschaften leben, in denen Menschen mit sehr unterschiedlichen Erfahrungshintergründen und kulturellen Prägungen aufeinandertreffen. Hier wird es zur Aufgabe der Schule, den Umgang mit verschiedenen Perspektiven und Weltsichten so einzuüben, dass Vielfalt als Reichtum und nicht als Bedrohung erfahren wird.

Das zweite Projekt, »100 Jahre Gegenwart«, setzt sich mit den grundlegenden Veränderungen des Zeitbegriffs auseinander. Die schrittweise Ersetzung eines Zeitverständnisses, das den Prozessen der menschlichen Welt inhärent war – wie der Nacht-Tag-Unterschied oder der Wechsel der Jahreszeiten –, durch einen quantitativen Zeitbegriff, der sich mit Uhren messen ließ, erlaubte es, an menschliches Tun einen standardisierten Maßstab anzulegen. Dieser beförderte im 20. Jahrhundert die Beschleunigung der verschiedensten Prozesse. Die immer schnellere Taktung von Abläufen der Fließbandarbeit im Sinne der kapitalistischen Maxime »Zeit ist Geld« ist dabei nur ein – wenn auch bedeutendes – Beispiel. Zu Beginn des 21. Jahrhunderts ist ein Zustand erreicht, in dem die Menschen in Echtzeitkommunikation rund um den Planeten interagieren. Die planetarische Vernetzung, an die immer mehr Menschen angeschlossen sind, verlangt geradezu nach einer solchen permanenten Kommunikation im Jetzt.

Die Folge ist: Eine permanente Gegenwart hat Vergangenheit und Zukunft in sich aufgesogen. Der Anschluss an die Algorithmen der digitalen Welt erzeugt eine auf den Augenblick bezogene Dauerproduktion, bei der weder utopische Entwürfe einer Zukunft noch ein Erinnern des Geschehenen eine Rolle spielen. Genau dieser Zustand eines Lebens im Dauersprint führt zu der Sinnentleerung, die sich zunehmend krisenhaft in unseren Gesellschaften artikuliert. In dieser Lage muss eine Schule von morgen alternative Zeit-Räume zur Verfügung stellen, in denen Schüler*innen die Zeit finden, sich darüber zu verständigen und auszuhandeln, welche Welt sie wollen. Es sind Zeit-Räume erforderlich, die es erlauben, utopische Gegenmodelle zur getakteten Gegenwart zu entwickeln. Dabei wird die geschichtliche Erfahrung zu einer notwendigen Ressource, weil sich in ihr über Jahrhunderte entwickeltes Wissen und Erfahrung spiegelt.

Schließlich stellt das dritte Projekt, »Das Neue Alphabet«, die Transformation unserer Welt durch die digitalen Informations- und Kommunikationstechnologien ins Zentrum. Diese dringen in alle Lebens- und Arbeitsbereiche ein und führen zu disruptiven Veränderungen. Der diskrete Charakter der Alphabete und insbesondere der des binären Codes erlaubt es, alles maschinell zu bearbeiten, sogar das Leben selbst. Dabei werden wir über die Bildschirme unserer Computer und mobilen Smartphones an eine Welt von Algorithmen angeschlossen, die wir nicht mehr kontrollieren, ja noch nicht einmal verstehen. Sie werden von hochspezialisierten Programmierer*innen entwickelt – in Form von Geschäftsmodellen, die zu weltweit operierenden Firmenkonglomeraten gehören.

Eine Schule von morgen muss angesichts dieser Entwicklung analoge Gegenwelten zur Verfügung stellen, die ein Wissen über die Technologien mit der Frage verbindet, wie sie als Instrument benutzt werden könnte, statt ihr passiv ausgesetzt zu sein.

Es reicht nicht, die neuen Technologien in die Schulen zu bringen, wie es häufig praktiziert wird. Vielmehr müssen Räume geschaffen werden, die die Forderung nach der Anwendung von Wissen mit der Frage nach dem Sinn der Technologien verbindet. Diese Räume dürfen nicht technologisch präfiguriert sein. Die Schule von morgen sollte alternative Kommunikations- und Interaktionsräume zur Verfügung stellen, die nicht nur eine Einübung – um nicht zu sagen: Anpassung – an existierende Entwicklungen befördert, sondern Alternativen sichtbar macht, die Fantasie und den sozialen Austausch der Akteur*innen fördert und dabei die technischen Möglichkeiten zur Entwicklung von Gesellschaft mit der Reflexion darüber verbindet, welche Gesellschaft wir wollen.

Zum Schluss möchte ich mich bei der Kuratorin des Projekts »Schools of Tomorrow« und Herausgeberin des Buches, Silvia Fehrmann, für die ausgezeichnete Zusammenarbeit bedanken. Mein Dank geht auch an Martin Hager, Kirsten Einfeldt und Olga von Schubert, die diesen Band redaktionell betreuten. *Last but not least* gilt mein Dank dem Deutschen Bundestag, insbesondere dem Abgeordneten Rüdiger Kruse, und der Staatsministerin für Kultur und Medien, Professor Monika Grütters, für die Förderung des Projektes »100 Jahre Gegenwart«, aus dem dieser Band hervorgeht.

Bernd Scherer

Einführung
Silvia Fehrmann

Dieser Band geht zurück auf ein Projekt, das 2015 am Haus der Kulturen der Welt entstand. Ursprünglich sollte es in »Schools of Tomorrow« um die Auseinandersetzung mit digitalen Entwicklungen im Schulkontext gehen. Damals war die Rede von einer umfassenden Digitalisierungsoffensive im Schulwesen, die Technologieskeptiker*innen ebenso wie -befürworter*innen auf den Plan rief. In Feuilletons und auf Konferenzen wurde eine erhitzte Debatte geführt. Als Kunstinstitution, die sich bereits länger mit digitalen Entwicklungen befasst hatte, nahmen wir uns am HKW vor, die Frage der Digitalität im Schulwesen in Zusammenarbeit mit Künstler*innen und kritischen Expert*innen zu untersuchen.

Doch dann setzte eine Migrationsbewegung ungeahnten Ausmaßes ein, und Deutschland nahm in wenigen Monaten Hunderttausende geflüchtete Menschen auf. In kürzester Zeit richteten Schulen neue Schulklassen für geflüchtete Kinder ein, Freiwillige aus allen Generationen nahmen sich der Neuankommenden an, Theater, Museen und Sporteinrichtungen entwickelten neue Angebote. Die Ausnahmesituation, das war klar, würde politische Imagination erfordern: Es stand ein umgreifender gesellschaftlicher Lernprozess an, und es war davon auszugehen, dass bald rassistische Stereotype mobilisiert werden würden.

Die Fluchtbewegung erreichte Deutschland zu einem Zeitpunkt, als es um dessen Zukunftsfähigkeit nicht gerade gut bestellt war: die öffentliche Infrastruktur flächendeckend kaputtgespart, die Auseinandersetzung mit technologischem Wandel stillschweigend an die Wirtschaft wegdelegiert, Maßnahmen gegen die Klimakrise immer wieder vertagt. Fragen, die in Kulturinstitutionen bereits seit einiger Zeit auf der Agenda standen, bekamen in diesem Umbruchprozess eine neue Dringlichkeit und Relevanz: Was können Kunstinstitutionen leisten, um soziale Lernprozesse anzustoßen? Was braucht eine lernende Gesellschaft, um zukunftsfähiges Wissen zu entwickeln? Und wie lässt sich Handlungsfähigkeit herstellen in Zeiten globaler Transformationen ungeahnten Ausmaßes?

Mit seinem Langzeitprojekt »100 Jahre Gegenwart« hatte es sich das HKW 2014–2018 zur Aufgabe gemacht, aktuelle Fragestellungen im Lichte historischer Alternativansätze zu behandeln. Was hätten Reformpädagog*innen angesichts der Umbruchprozesse unternommen? Seit die schwedische Pädagogin Ellen Key um 1900 ihr wegweisendes Buch *The Century of the Child* veröffentlicht hatte, waren Reformpädagog*innen in Europa und den USA bestrebt, die Grundlagen für eine zukunftsfähige Schule zu legen. Eine erziehungswissenschaftliche Publikation von 1915 wurde zum Ausgangspunkt für das Vorhaben, das in der vorliegenden Publikation dokumentiert wird: John und Evelyn Deweys *Schools of To-morrow*, das kurz nach Ausbruch des Ersten Weltkriegs erschien und bald zu einem internationalen Referenzwerk der *progressive education* wurde.

Für *Schools of To-morrow*, wie das Buch in veralteter Rechtschreibung heißt, hatte Evelyn Dewey, Ko-Autorin und Tochter des Philosophen, in den USA experimentelle Schulprojekte aufgesucht, die sich mit ihrer innovativen Unterrichtspraxis den Herausforderungen ihrer Zeit stellten. Zu Beginn des 20. Jahrhunderts hatten die USA tiefgreifende Veränderungen erlebt: Einwander*innen aus aller Welt hatten sich im ganzen Land niedergelassen, neue Städte waren entstanden, die Industrialisierung nahm ihren Lauf, Elektrizität, Telefone und Kinos fanden Eingang in den Alltag. Evelyn Deweys Reise führte sie nach New York, Chicago, Alabama, Indiana und Illinois, an Schulen, in denen Schulleiter*innen und Lehrkräfte experimentelle Unterrichtsansätze austesteten. Ausgehend von ihren Beobachtungen formulierte John Dewey eine erziehungswissenschaftliche Theorie, die aus der Schul- und Lernpraxis heraus gedacht war.

In den Schulexperimenten, von denen die Deweys berichteten, verdichten sich reformpädagogische Ansätze, die im 20. Jahrhundert vielerorts ausprobiert wurden. Um nur einige Beispiele zu nennen: In der School of Organic Education in Alabama, die bis heute fortbesteht, entwickelte Marietta Johnson eine kindzentrierte Pädagogik, bei der jedes Kind ohne Zensuren nach seinem eigenem Rhythmus lernte, Sport und Tanz den Tag gliederten und Unterricht außerhalb der Klassenzimmer in der Natur stattfand. »Die Flussrinne ist das Lieblingsschulbuch«, fasst eine Bildunterschrift den methodischen Ansatz zusammen. Die Elementary School of the University of Missouri in Columbia setzte auf spielbasierte Projektarbeit und selbstbestimmtes Lernen. Die Public School 45 in Indianapolis richtete ihre Arbeit auf *learning by doing* aus, während Schulen in Chicago die Schüler*innen Modelle der Stadt bauen ließen, um die Wechselwirkung von Natur, Infrastruktur und Regierung nachzuvollziehen.

Lernen, so die Folgerungen John Deweys, sollte situationsbezogen, interessengesteuert und praxisorientiert organisiert werden – und das Wohl der Gemeinschaft im Blick haben. Was vor dem Hintergrund aktueller Herausforderungen besonders inspirierend wirkt: Bei Dewey geht es stets um die Frage, wie die Beziehung zwischen Schulen und einer demokratischen Gemeinschaft aussehen könnte, wenn das Gemeinwohl der Horizont wäre, das Glück der Individuen ebenso wie das kollektive Gedeihen: Schule als Labor für künftige Gesellschaften, Zukunft als etwas, das gemeinsam hergestellt wird – und Zukunftsfähigkeit als konstitutives Moment von sozialen Lernprozessen.

Die Implikationen von John Deweys Bildungsprogramm sind in den letzten Jahren, zuletzt aus Anlass des 100-jährigen Jubiläums seines *Democracy and Education*, vielfach diskutiert worden – insbesondere auch seine blinden Flecken, etwa was rassifizierte Gesellschaftsstrukturen betrifft. Während sein Œuvre seinerzeit weltweit rezipiert wurde – 1918 erschien *Escuelas del futuro* auf Spanisch in Madrid und Buenos Aires und *Shkola buduschego* in Moskau, bis nach Indien und Japan reichte seine Rezeption –, blieb die Resonanz in Deutschland verhalten, war doch die Reformpädagogik damals eher »geistesaristokratisch-elitär« verfasst, wie es der Erziehungswissenschaftler Micha Brumlik in seinem Buch *Demokratie und Bildung* formuliert.

Das Referenzwerk der Deweys bildete den Ausgangspunkt für das Projekt »Schools of Tomorrow«, insbesondere ihre pragmatische Methode, aus der Beobachtung experimenteller Schulpraktiken handlungsweisende Reflexionen zu ziehen. Migration, Urbanisierung, Industrialisierung: So benannten John und Evelyn Dewey die Herausforderungen, auf welche die progressiven Schulmodelle reagiert hatten. Hundert Jahre später stehen vergleichbare Umbruchprozesse auf der Tagesordnung: Wie gehen Schulen mit der Heterogenität um, die Einwanderungsgesellschaften ausmacht? Wie verorten sich Schulen in ihrer geografischen Umgebung, die kraft städtischer, aber auch ländlicher Transformationsprozesse mancherorts nicht mehr der Lebenswelt ähnelt, in der Lehrkräfte und Eltern aufgewachsen sind? In welchen Umgebungen, mit welchen Methoden sollen junge Menschen lernen, für die Digitalität eine Selbstverständlichkeit ist? Kurzum: Wie geht Schule mit dem umgreifenden Wandel um, der unsere Zeit ausmacht?

Versuchsanordnungen im Schulalltag
In Zusammenarbeit mit Schüler*innen und Künstler*innen, Erziehungswissenschaftler*innen und Kunstvermittler*innen, Lehrkräften und Eltern entwickelte das HKW im Schuljahr 2017/2018

eine Reihe von Versuchsanordnungen, die an 21 Schulen in Projektwochen umgesetzt wurden. Die Themen waren aus einer internationalen Konferenz hervorgegangen, die 2017 in Berlin stattgefunden hatte. Ein internationaler Ideenwettbewerb forderte zudem Kinder und Jugendliche auf, Ideen für die Schule von morgen zu entwickeln. Der Bundespräsident wurde als Schirmherr des Ideenwettbewerbs gewonnen. Alle diese Projekte liefen in einem großen Finale am HKW zusammen, das in Zusammenarbeit mit Schüler*innen, Lehrer*innen und Künstler*innen konzipiert und gestaltet wurde: ein Testlauf für die Schule von morgen.

Welche Räume braucht die Schule von morgen und mit welchen selbstbestimmten Prozessen könnten sie real werden? Was passiert, wenn Schüler*innen ihre Unterrichtsmaterialien selbst gestalten und herstellen? Welches Wissen gibt es jenseits der Klassenräume und des eigenen Schulhofs? Welche Rolle spielt Nachhaltigkeit in der Schule der Zukunft, wie können digitale Werkzeuge neue Partizipationsprozesse anstoßen? Und was lernen eigentlich Lehrer*innen von ihren Schüler*innen, wenn sie richtig hinhören? Diese Fragen standen im Fokus der Versuchsanordnungen, die in Berlin, Krems, Stockerau, Tübingen, Malchin, Neapel und Wien stattfanden. In Arbeitsgemeinschaften, im Wahlpflichtunterricht oder in künstlerischen Projektwochen machten sich Schüler*innen von der 7. bis zur 12. Klasse gemeinsam mit Lehrer*innen, Künstler*innen und Expert*innen auf die Suche nach Antworten.

Die experimentellen Schulprojekte, die im Kontext von »Schools of Tomorrow« entstanden, sind repräsentativ für Ansätze, die in der avancierten Medienpädagogik, der Kunstvermittlung und im Alltag engagierter Lehrkräfte in vielen Schulen praktiziert werden. Dazu gehören die partizipative Gestaltung von Lernumgebungen und Lernmaterialien ebenso wie die Auseinandersetzung mit Demokratie und Medienwandel, die Verortung im gesellschaftlichen

Umfeld der Schulen ebenso wie ein Training der politischen Vorstellungskraft.

Mit dem Projekt »#INSTAntDEMOCRACY« untersuchten Schüler*innen des Berliner Gymnasiums Steglitz in Zusammenarbeit mit mediale.pfade.org, wie das Publizieren auf Social-Media-Kanälen mit demokratischen Verfahren im Schulalltag vereinbar ist: Es entstand eine Instagram-Schüler*innenzeitung, deren Inhalte von einem Redaktionsausschuss einem selbstverfassten Kodex gemäß ausverhandelt werden.

In der Evangelischen Schule Berlin Zentrum setzten sich die Schüler*innen gemeinsam mit Thomas Meyer von der T(o)uring-Schule mit abstrakten Körpern und Algorithmen auseinander, um sich von gewohnten Raummustern zu lösen und bestehende Lernräume neu zu denken. Dabei wurde deutlich, dass sich Gestaltung gestalten lässt, das heißt eingespielte Verhaltensmuster, die das Ergebnis von Gestaltungsentscheidungen sind, sich verändern lassen.

In der Friedensburg-Oberschule Berlin modellierten Schüler*innen in Zusammenarbeit mit mediale.pfade.org mit 360°-Kameras und Computerprogrammen digitale Lernorte der Zukunft. Mit dem Architekturbüro Bauereignis Sütterlin Wagner entwickelten Schüler*innen der Georg-von-Giesche-Schule in Berlin-Schöneberg Konzepte, um das Lernen in ihren Klassenzimmern angenehmer zu machen, und bauten die entsprechenden Architekturmodelle. Im Europäischen Gymnasium Bertha-von-Suttner in Berlin-Reinickendorf entwickelten Schüler*innen gemeinsam mit dem Architekturkollektiv raumlabor ein innovatives Möbelstück für den Kunstunterricht.

Auf der Kopernikus-Oberschule Berlin setzten sich Schüler*innen zusammen mit der Kulturmanagerin Virág Major und dem Künstler Gergely László mit reformpädagogischen Ansätzen der Freinet-Schule auseinander und kreierten ein Buch über die Bildung der

Zukunft. Die Schüler*innen der Nelson-Mandela-Schule in Berlin-Wilmersdorf entwickelten mit der Künstlerin Nika Dubrovsky Ideen, wie Schulgebäude künftig gestaltet werden können, um demokratisches Lernen zu ermöglichen – und gestalteten daraus ein Buch. In dokumentarischen Kurzfilmen entwarfen die Schüler*innen der Berliner Sophie-Scholl-Schule zusammen mit Katja Berls von der Filmarche Utopien für die Schule der Zukunft.

Schüler*innen der Hein-Moeller-Schule in Berlin-Lichtenberg entwickelten mit der Künstlerin Constanze Fischbeck Audio-Interviews und eine Videoinstallation, die dazu motivieren, den Geschichten geflüchteter Menschen zuzuhören. Was, wie, wann und wo wird außerhalb der Schule gelernt? Schüler*innen des Uhland-Gymnasiums und der Gemeinschaftsschule West in Tübingen erarbeiteten gemeinsam mit dem kollektiv orangotango, welche Lernumgebungen außerhalb des Klassenzimmers möglich sind.

Falls es Außerirdische gibt: Was würden sie über das gegenwärtige Schulsystem denken? Und was könnten Aliens und Menschen voneinander lernen? Ausgehend von einer imaginierten Begegnung mit Aliens entwickelten Schüler*innen einer Willkommensklasse der Berliner Alfred-Nobel-Schule ein Schattenspiel im Science-Fiction-Genre – eine Einübung spekulativen Denkens mit geflüchteten Jugendlichen.

Im Fritz-Greve-Gymnasium Malchin erarbeiteten die Schüler*innen gemeinsam mit dem Projekthof Karnitz e.V. Prototypen für eine Mensa, die den Herausforderungen des menschengemachten Klimawandels gerecht wird. Schüler*innen der Hagenbeck-Schule in Berlin-Weißensee bauten eine Feuerstelle und schufen so einen Lernort in der Natur mitten im urbanen Raum. Was sich Schüler*innen für ihren Stadtteil wünschen, lässt sich im Blog nachlesen, den das büro eta boeklund mit Jugendlichen der Schule an der Jungfernheide in Berlin-Spandau entwickelte.

Dank einer Kooperation mit KulturKontakt Austria wirkten österreichische Schulen an »Schools of Tomorrow« mit: Auf der HLW Krems erstellten Schüler*innen mit den Komponist*innen Veronika Großberger und Jorge Sánchez-Chiong eine klangliche Kartografie ihrer Schule und überführten gesammelte Geräusche in einen installativen Klangparcours. Die Polytechnische Schule Burggasse, das Bundesblindeninstitut und die Augartenschule in Wien sowie die Landesberufsschule Stockerau setzten sich in Zusammenarbeit mit gecko art in Hörstücken und Audioaufnahmen künstlerisch mit Mehrsprachigkeit auseinander. Mit künstlicher und künstlerischer Intelligenz befasste sich die Volksschule Galileigasse in Wien: Aus Papier und elektrischen Leiterbahnen gestalteten die Schüler*innen in Zusammenarbeit mit den Kunstvermittler*innen Die Bibliothekare eine eigene Roboterfigur mit leuchtenden LEDs. Dann ging es ans Filmen: Die Schüler*innen nahmen die Rolle von Ingenieur*innen und Programmierer*innen ein und agierten mit zwei lebensgroßen Robotermodellen vor der Kamera. So entstand eine filmisch-künstlerische Dokumentation über einen artifiziellen Dialog zwischen den Robotermodellen und den Schüler*innen.

Eine neue Lernkultur
Als handlungsweisende Metapher war die Frage nach einer Schule, die Zukunft herstellt und für das Morgen befähigt, sowohl für Erwachsene wie für Kinder und Jugendliche extrem produktiv. Über zweihundert Zukunftsvisionen wurden im Kreativwettbewerb »Unsere Schule!« eingereicht, entwickelt von Schüler*innen zwischen 5 und 19 Jahren, die von Lengenfeld unterm Stein bis Teheran, von Köln bis Tokio in die Schule gehen. Aus allen Ideen entstand ein »Schüler*innen-Manifest«, das die wichtigsten Forderungen der Kinder und Jugendlichen zusammenfasst.

Die Handlungsempfehlungen, die sich aus diesem intergenerationellen Projekt ergeben – aus der Auswertung der experimentellen Schulprojekte durch die Mitwirkenden ebenso wie aus den Forderungen der Kinder und Jugendlichen im Ideenwettbewerb –, machen deutlich, dass eine Bildungsoffensive, wie sie heute vonnöten ist, nicht in der Ausstattung der Schulen mit digitaler Technologie bestehen kann, sondern ein Umdenken bedeutet: Wenn Whiteboards die alten Tafeln verdrängen, entsteht nicht von selbst eine neue Lernkultur.

In Gesprächen mit Bildungsexpert*innen, Künstler*innen und Lehrkräften, in Kunstprojekten, Filmen und Architekturmodellen brachten Kinder und Jugendliche zu Gehör, wie sie das Lernen organisieren wollten. Die Schule von morgen erfordert von Lehrkräften wie von Schüler*innen, dass sie sich in neuen Rollen üben: Als »lehrnende« Akteur*innen bezeichnete sie ein Projektteilnehmer, die Verantwortung übergeben und übernehmen. Scheitern sollte eine Möglichkeit sein und ein Lernanlass, kein Tabu. Langeweile und die Fähigkeit, Nicht-Produktivität auszuhalten, schaffen erst die Grundlage für Erkenntnisgewinn. Lernen als körperliches Handeln wird besonders wichtig, wenn Kinder und Jugendliche in ihrer Freizeit stundenlang an Bildschirmen sitzen.

Schüler*innen, die mit Smartphones, GPS und Tablets aufwachsen anstelle von Telefonkabinen, Landkarten und gedruckten Tageszeitungen, die sich in WhatsApp-Gruppen organisieren, vor Prüfungen Online-Tutorials recherchieren und ihre Nachrichten aus YouTube beziehen, sind es gewohnt, in Lerngemeinschaften zu agieren. Im Schulkontext bedeutet die Etablierung einer Lerngemeinschaft heute, Schüler*innen zu Lehrenden zu machen, in langen Zeiträumen zu denken, das Wissen aller sichtbar zu machen und anderes Lernen proaktiv in das Schulcurriculum einzuschreiben.

Selbstständigkeit schafft Selbstbewusstsein: Als besonders produktiv bewerteten Schüler*innen wie Lehrkräfte Projekte, in denen es bei der Umsetzung eigener Entwürfe um Nachhaltigkeit und Innovation ging. Den Klassenraum verlassen und mit Schüler*innen aus anderen Klassen lernen: Das trägt zu einer affirmativen Verortung in der Schulgemeinschaft ebenso bei wie die Erfahrung, dass die Schule als Ganzes hinter den innovativen Projekten steht.

Individuelle Zeiträume fürs Lernen zu haben, ist eine Forderung, die Schüler*innen immer wieder vorbringen: Sie vermissen Lebensweltorientierung ebenso wie »offene Stunden« oder »freie Studierzeiten«, »Selbstlernbausteine« und eine bedürfnisgerechte Gestaltung der Lernumgebung. Überhaupt der Raum: Die partizipative Raumgestaltung aktivierte die Vorstellungskraft von Schüler*innen wie Lehrkräften, und es herrschte Konsens darüber, dass Schule biologische und soziale Rhythmen beachten, Ruhe- und Rückzugsplätze sowie On-Off-Zonen mit unterschiedlichen Lautstärken bereitstellen, Außenräume nutzen und die Zweckentfremdung von Räumen zulassen sollte.

Eine Auseinandersetzung mit Digitalität kann nur aus einer ausgewogenen Mischung von Freiheit, Emanzipation und Struktur bestehen: Schüler*innen fordern freies WLAN an Schulen, die Nutzung der Potenziale von Social Media und den Einsatz von Smartphones im Unterricht ebenso, wie sie sich für einen Social-Media-Verhaltenskodex und konsensuelle Zeiteinschränkungen aussprechen.

Was die Umgebung der Schule betrifft, fordern Schüler*innen wie Lehrkräfte eine interessierte Öffentlichkeit und sehen Chancen in der Stadtgestaltung durch Schüler*innen. Wundert es, dass die Schüler*innen in ihrem Manifest Wert auf gesunde Ernährung legen, dass sie sich Schule als Schutzraum wünschen, dass sie Wert legen auf umweltbewusstes und diskriminierungsfreies Handeln?

Die vorliegende Publikation dokumentiert zentrale Interventionen der Auftaktkonferenz 2017 ebenso wie Ergebnisse und Gespräche des Testlaufs für die Schule der Zukunft, der 2018 im HKW stattfand. Die Zukunftsforscherin und Bildungsexpertin Keri Facer hält ein Plädoyer für ein Denken und Handeln, das Zukunft ermöglicht. Der brasilianische Erziehungswissenschaftler Luis Armando Gandin bilanziert die Erfahrung mit emanzipatorischen Schulprojekten in Brasilien. Die Schriftstellerin Sharon Dodua Otoo macht deutlich, wie dringend ein Vokabular für Rassismuserfahrungen ist. Die Spielforscherin Katie Salen Tekinbas untersucht das erfolgreiche New Yorker Schulprojekt Institute of Play. Der Erziehungswissenschaftler und John-Dewey-Experte Gert Biesta plädiert für ein neues Selbstbewusstsein der Lehrer*innen. So könnten sie – entgegen der Logik unseres »Shopping-Zeitalters« – den Schüler*innen dabei helfen, ihre Bedürfnisse und Wünsche zu erkunden, statt diese einfach zu erfüllen. Die Bildungshistorikerin Catherine Burke schlägt den Bogen von digitalen Lernumgebungen zu progressiven Architekturansätzen. Der Künstler und Kunstpädagoge Luis Camnitzer und die Kuratorin Franciska Zólyom diskutieren das Potenzial von Kunst an der Schule und im Museum. Der Medienpädagoge Daniel Seitz untersucht das Verhältnis von Medientechnologie und Demokratiebefähigung. Und *last but not least* bildet das Schüler*innenmanifest die Forderungen von Kindern und Jugendlichen ab, die am Ideenwettbewerb teilgenommen haben.

Mit »Schools of Tomorrow« hat das HKW eine einzigartige Lern- und Praxisgemeinschaft geschaffen. Seinem Intendanten Bernd Scherer möchte ich für das Vertrauen danken, dieses partizipative Experiment mit all seinen unvorhergesehenen Implikationen zu entwickeln. Ohne das großartige Team, mit dem ich die kulturelle Bildung im HKW aufbauen durfte, und ohne das Vertrauen von

Lehrkräften, Künstler*innen, Schüler*innen, Medienmacher*innen und Erziehungswissenschaftler*innen wäre dieses Vorhaben nicht möglich gewesen. Besonders danken möchte ich meinen HKW-Kolleginnen Anna Bartels, Maria Fountoukis, Laida Hadel, Christina Harles, Leila Haghighat und Eva Stein für ihre Kreativität und Begeisterungsfähigkeit, ebenso wie Caroline Assad, Catherine Burke, Maria do Mar Castro Varela, Robert Pfützner, Daniel Seitz und Wilfried Stotzka für die inspirierenden Diskussionen. Dem Bundespräsidenten sei gedankt für seine Schirmherrschaft des Ideenwettbewerbs, der in Zusammenarbeit mit *Die Zeit* durchgeführt wurde.

Mit »Schools of Tomorrow« haben wir versucht, ein Vokabular und ein Handlungsrepertoire zu entwickeln, die herrschende Verhältnisse im Schulsystem unterbrechen, um gemeinsam mit Kindern und Jugendlichen über die Zukunftsfähigkeit unserer Gesellschaft nachzudenken. Die aktuelle #FridaysForFuture-Bewegung zeigt, welches Engagement Schüler*innen aufbringen, wenn es um Dinge geht, die ihnen am Herzen liegen. Ein Beweis mehr, wie wichtig es ist, sie in Überlegungen zur Schule – und damit zur Gesellschaft – von morgen einzubeziehen. An uns Erwachsenen liegt es jetzt, die Hoffnung auf Zukunft zu organisieren.

John Dewey und Evelyn Dewey

DEMOKRATIE UND ERZIEHUNG: EIN AUSZUG AUS *SCHOOLS OF TO-MORROW*

Die herkömmliche Art der Erziehung, bei der die Kinder zu Folgsamkeit und Gehorsamkeit angeleitet werden, zur sorgsamen Ausführung der ihnen aufgetragenen Aufgaben allein deswegen, weil ihnen diese aufgetragen werden, ganz gleich, welchem Zweck sie dienen, passt zu einer autokratischen Gesellschaft. Eigenschaften wie diese werden in einem Staat benötigt, in dem die Führung dafür zuständig ist, für das Leben und die Institutionen des Volkes zu planen und zu sorgen. In einer Demokratie jedoch beeinträchtigen sie ein erfolgreiches Handeln von Gesellschaft und Regierung. Die bekannte, kurze Definition der Demokratie als »Herrschaft des Volkes für und durch das Volk« gibt vielleicht am ehesten Aufschluss darüber, was eine demokratische Gesellschaft ausmacht. Die Verantwortung für das Handeln der Gesellschaft und der Regierung liegt bei allen Mitgliedern der Gesellschaft. Aus diesem Grund müssen alle eine Ausbildung erhalten, die sie befähigt, dieser Verantwortung nachzukommen, indem der Unterricht gerechte Vorstellungen vom Zustand und den Bedürfnissen der Gesellschaft vermittelt und in den Menschen die notwendigen Eigenschaften entwickelt, um einen Anteil an der Regierungsarbeit zu leisten. Wenn wir unseren Kindern beibringen, Befehle entgegenzunehmen, Dinge einfach nur deshalb zu tun, weil es ihnen gesagt wird, und es versäumen, ihnen das nötige Selbstvertrauen mitzugeben, um für sich selbst handeln und denken zu können, schaffen wir ein nahezu unüberwindbares Hindernis auf dem Weg, die bestehenden Mängel unseres Systems zu beseitigen und die Wahrhaftigkeit demokratischer Ideale zu etablieren. Unser Staat gründet auf Freiheit, und doch lassen wir beim Heranbilden des Staates von morgen nur das Nötigste an Freiheit zu. Schulkinder brauchen Freiheit, damit sie wissen, was Freiheit bedeutet, wenn sie selbst Führungsaufgaben übernehmen, und sie müssen die Möglichkeit haben, aktive Eigenschaften wie

Initiative, Unabhängigkeit und Einfallsreichtum zu entwickeln, damit Missbrauch und Fehler der Demokratie ausgemerzt werden können.

Die Erkenntnis dieser Verbindung zwischen Demokratie und Erziehung ist vielleicht die interessanteste und bedeutendste Phase der gegenwärtigen Strömungen in Erziehung und Bildung. Sie erklärt das zunehmende Interesse an einer Bildung für alle und untermauert die Argumentation von Wissenschaft und Psychologie zugunsten der erwähnten Veränderungen. Zweifellos ist die herkömmliche Schulbuchmethode gut geeignet für die kleine Gruppe an Kindern, die sich aufgrund ihrer Herkunft nicht am praktischen Leben beteiligen müssen und zugleich Interesse am abstrakten Denken zeigen. Doch auch bei diesen Personen weist das System große Lücken auf; so trägt es der Rolle, die das handwerkliche Tun in der Entwicklung kognitiver Fähigkeiten spielt, keine Rechnung und richtet den Unterricht an den ohnehin gegebenen Neigungen der Schüler*innen aus, ohne die praktischen Fähigkeiten auszubilden, die bei abstrakt denkenden Menschen gewöhnlich schwach ausgeprägt sind. Für die große Mehrzahl derer, deren Interesse nicht dem Abstrakten gilt und die in ihrem Leben einer praktischen, meist manuellen Tätigkeit nachgehen müssen, ist eine Bildungsmethode erforderlich, die die Kluft zwischen den rein intellektuellen und theoretischen Seiten des Lebens und ihren eigenen Tätigkeiten überwinden kann. Mit der Verbreitung demokratischer Ideen und dem damit entstehenden Bewusstsein für soziale Probleme wird den Menschen klar, dass alle, unabhängig von der Klasse, zu der sie zufällig gehören, das Recht haben, die Bildung einzufordern, die ihren Bedürfnissen gerecht wird, und dass der Staat dieser Forderung in seinem eigenen Interesse nachkommen muss.

Bis vor Kurzem hat die Schulbildung nur die Bedürfnisse einer einzigen Gruppe erfüllt, und zwar jener Menschen, die sich für das

Wissen um seiner selbst willen interessieren: Lehrer*innen, Akademiker*innen und Forscher*innen. Der Gedanke, dass auch jemand, der mit den Händen arbeitet, Unterricht braucht, ist noch immer so neu, dass die Schulen erst langsam begreifen, warum es sich bei der Beherrschung der materiellen Dinge des Lebens überhaupt um Wissen handelt. Es ist noch nicht lange her, dass die Schulen die Gruppe von Menschen vernachlässigte, die zahlenmäßig die größte darstellt und von der die ganze Welt abhängig ist, weil sie von ihr mit dem Lebensnotwendigsten versorgt wird. Ein Grund hierfür liegt in der Tatsache, dass die Demokratie noch vergleichsweise jung ist; bis zu ihrem Aufkommen wurde der Mehrheit, also den Leuten, die mit ihren Händen arbeiten, das Recht abgesprochen, ihren umfassenderen geistigen Bedürfnissen nachzukommen. Ihre Funktion, ja ihre Existenzberechtigung bestand darin, sich um die materiellen Bedürfnisse der herrschenden Klassen zu kümmern.

In den letzten 150 Jahren gab es zwei umfassende Veränderungen, die sich auf die Lebens- und Denkgewohnheiten der Menschen auswirkten. Wir haben gerade gesehen, wie eine davon, die Zunahme demokratischer Ideale, einen Wandel in Erziehung und Bildung erforderlich gemacht hat. Auch die andere, durch wissenschaftliche Entdeckungen herbeigeführte Veränderung muss sich im Klassenzimmer widerspiegeln. Alle historischen Kenntnisse zu einem groben Bild der Gesellschaft vor der Entdeckung von Dampfmaschine und Elektrizität zusammenzustückeln, wird kaum dabei helfen können, den fundamentalen Wandel in der Gesellschaft aufzuzeigen, den diese und ähnliche Entdeckungen mit sich gebracht haben. Zu den wohl bedeutendsten Veränderungen aus pädagogischer Hinsicht gehört der unglaubliche Zuwachs an Fakten, die zum geistigen Rüstzeug jedes Menschen gehören müssen, der sich dem Leben erfolgreich stellen will – mögen diese auch noch so alltäglich sein. Es gibt so viele dieser Fakten, dass jeder

Versuch, sie anhand von Schulbüchern während des Unterrichts lehren zu wollen, schlicht lächerlich wäre. Doch anstatt dieser Tatsache ins Auge zu sehen, den Lehrplan entsprechend zu ändern und den Schüler*innen beizubringen, wie sie von der Welt selbst lernen können, halten die Schulen brav daran fest, so viele Fakten wie möglich zu vermitteln. Veränderungen gibt es nur insofern, als Methoden entwickelt wurden, um die Faktenaufnahme zu verbessern. Doch die Wissenschaft erfordert einen wesentlich radikaleren Wandel. Dazu zählt in erster Linie – das haben die Lehrpläne verschiedener Schulen gezeigt – nicht allein die Vermittlung der (natur)wissenschaftlichen Gesetze, deren Entdeckung zu den Veränderungen in der Gesellschaft beigetragen hat: Wir müssen das Lernen und Auswendiglernen der in Büchern kodifizierten Fakten durch praktische Arbeit ersetzen, die selbst die Fakten des Lebens lehren kann.

Wenn Schulen die Bedürfnisse aller Gruppen von Schüler*innen anerkennen und eine Form von Unterricht geben sollen, die sie zu erfolgreichen und wertvollen Mitbürger*innen werden lässt, dann müssen die Schulen ihnen Arbeiten auftragen, die nicht nur zu physischer und moralischer Stärke sowie zur richtigen Einstellung gegenüber Staat und Mitmenschen führen. Ebenso wichtig ist, dass die Schüler*innen ausreichend Kontrolle über ihr materielles Umfeld haben, um frei von wirtschaftlichen Sorgen zu sein. Für die Vorbereitung auf die akademischen Berufe wurde stets gesorgt; wie wir sehen konnten, ist es die Zukunft der Arbeiter*innen in der Industrie, die vernachlässigt wurde. Wissenschaftliche Entdeckungen bedingen eine zunehmende Komplexität der modernen Industrie. Arbeiter*innen, die beruflich erfolgreich sein wollen, brauchen daher eine gute Allgemeinbildung, auf der sie ihr technisches Können aufbauen können. Dasselbe gilt für die menschliche Natur. Ihre Komplexität macht es erforderlich, dass

Berufsanfänger*innen zu einer Arbeit finden, die ihren Vorlieben und Fähigkeiten entspricht. Auf die Belange bestimmter Handwerks- oder Berufsausbildungen einzugehen, würde den aktuellen Rahmen sprengen. Allerdings stehen bestimmte Aspekte der Bewegung, die gewerblich-industrielle Ausbildung im engeren Sinne voranzubringen, auch in konkretem Zusammenhang zum Thema im Allgemeinen. So besteht gegenwärtig die große Gefahr, dass mit der Verbreitung dieses Trends die eigentliche Bildungsarbeit zugunsten einer spezifischen Ausbildung übersehen wird.

Das Augenmerk einflussreicher Entscheider*innen gilt meist eher dem Bedarf an Facharbeiter*innen als einer allgemeinen Neuausrichtung in Erziehung und Bildung. Ersterer erwächst aus eigener Erfahrung beziehungsweise eigenem Interesse. Sie sind begeistert von dem Maße, in dem es Deutschland gelungen ist, die technisch-gewerbliche Ausbildung zu einem nationalen Kapital zu machen, indem es den kommerziellen Wettbewerb in diesem Bereich vorangetrieben hat. Nichts erscheint unmittelbar einleuchtender als ein System zu schaffen aus Fortbildungsschulen für die weitere Ausbildung von Arbeiter*innen im Alter zwischen vierzehn und achtzehn Jahren, die die Schule zum frühestmöglichen Zeitpunkt verlassen haben, einerseits, und die Einrichtung separater Schulen, die direkt auf verschiedene Gewerke vorbereiten sollen, andererseits. Damit bleiben die bereits vorhandenen Schulen, in denen die Schüler*innen auf höhere Bildungsstufen und Lebenswege vorbereitet werden sollen, bei denen manuelle Arbeit eine geringere Rolle spielt, nahezu unverändert.

Fortbildungsschulen sind wertvoll und wichtig, aber lediglich als Notlösungen und Provisorien; sie beschäftigen sich mit Problemen, die nicht existieren sollten. Kinder sollten die Schule nicht mit vierzehn verlassen, sondern bis zum Alter von sechzehn oder achtzehn Jahren an der Schule bleiben, wo ihnen geholfen wird, ihre Energien auf intelligente Weise einzusetzen und sich für die richtige Arbeit zu entscheiden. Unter Lehrer*innen und Arbeiter*innen, die mit vierzehnjährigen Schulabgänger*innen zu tun haben, herrscht die Ansicht, dass der Grund, eine Arbeit aufzunehmen, weniger ein finanzieller ist als vielmehr die Überzeugung, die Schule könne ihnen nicht weiterhelfen. Natürlich gibt es Fälle, in denen Kinder Gefallen an der Schule finden, diese jedoch bei erster Gelegenheit verlassen müssen, um Geld zu verdienen. Doch selbst in diesen seltenen Fällen wäre es im Allgemeinen klüger, das familiäre Arrangement fortzusetzen, das bis zum vierzehnten Geburtstag des Kindes gültig war, auch wenn dazu die Wohlfahrt hinzugezogen werden müsste. Der Lohn für vierzehn- oder fünfzehnjährige Kinder ist so gering, dass er nur bei Familien, deren Mittel ohnehin ungenügend sind, einen materiellen Unterschied macht.

Gesteigert wird die Hoffnungslosigkeit der Situation noch durch den Umstand, dass diese Kinder ihre Erwerbsfähigkeit wesentlich langsamer steigern und ein wesentlich geringeres Höchstmaß erreichen als ein Kind, das weiter zur Schule geht. Auf lange Sicht ist der Verlust für Kind und Familie also wesentlich höher als der prekäre vorübergehende Gewinn. Der häufigste Grund jedoch, den Kinder für das Verlassen der Schule nennen, ist der, dass es ihnen nicht gefallen habe und sie unbedingt einer richtigen Arbeit nachgehen wollten. Nicht, dass sie auf diese Arbeit vorbereitet wären oder irgendeine Form von Schulung erhalten hätten; die Schule schien ihnen schlicht so überflüssig und befriedigte so wenige ihrer Bedürfnisse, dass sie die erste Gelegenheit ergriffen, um zu etwas Konkreterem zu wechseln, etwas, das ein sichtbares Ergebnis lieferte.

Erforderlich ist also eine Neuorganisation des normalen Schulstoffs, um den Bedürfnissen dieser Gruppe gerecht zu werden, damit sie eben wegen des Wertes des Gelernten an der Schule bleiben möchte. Das gegenwärtige System ist kurzsichtige Pfuscherei; Fortbildungsschulen können einige seiner Mängel provisorisch überdecken, doch sie können diese weder ganz beheben, noch befähigen sie die Schüler*innen im Nachhinein zu einem intellektuellen Wachstum, woran sie schon die Grundschule mit ihrer Unausgewogenheit gehindert hat. Das Ideal besteht darin, Schulen nicht als Werkzeuge bestehender Industriesysteme einzusetzen, sondern die Industrie für die Neuorganisation der Schulen zu nutzen.

Es besteht die Gefahr, dass die geballten Interessen der Geschäftsleute und ihr großer Einfluss auf die öffentlichen Angelegenheiten zu einer Aufspaltung der gewerblichen Ausbildung in einem Maße führen, die für Demokratie und Bildung gleichermaßen schädlich ist. Pädagog*innen müssen auf dem Vorrang der Bildungswerte bestehen, nicht um ihrer selbst willen, sondern weil diese die Grundpfeiler der Gesellschaft repräsentieren, insbesondere die einer demokratisch organisierten Gesellschaft. Die Rolle der Industrie in der Bildung besteht nicht darin, die Vorbereitung der einzelnen Schüler*innen auf ihren jeweiligen Beruf voranzutreiben. Sie sollte darin bestehen, dem theoretischen Wissen, das alle Schüler*innen haben sollten, praktischen Wert zu verleihen und ihnen einen Einblick in die Bedingungen und Institutionen ihres Lebensumfelds zu vermitteln. Mit diesem Rüstzeug verfügen die Schüler*innen über das notwendige Wissen und die Intelligenz, um die richtige Berufswahl zu treffen und sich die dazu erforderlichen technischen Kenntnisse anzueignen. Ihre Wahl wird nicht dadurch eingeschränkt, dass sie bereits eine Sache können, und zwar nur diese; sie wird allein von ihren eigenen Fähigkeiten und ihrer natürlichen Eignung bestimmt.

Die Gewerbe- und Fortbildungsschulen nehmen Schüler*innen auf, noch bevor diese alt genug sind oder ihre eigenen Fähigkeiten hinreichend kennen, um eine kluge Wahl zu treffen. Und dann bilden sie sie in einem so engen Rahmen aus – theoretisch wie praktisch –, dass die Schüler*innen sich selbst nur einer bestimmten Tätigkeit gewachsen fühlen. Auch wenn sich herausstellen sollte, dass es nicht die richtige ist, bleibt es doch die einzige, in der er oder sie ausgebildet wurde. Ein solches System bietet keine Möglichkeit für die Entwicklung der besten Fähigkeiten eines Individuums und sorgt meist dafür, dass die Menschen in ihrer jeweiligen Klasse verhaftet bleiben.

Ausgerechnet die Industriezweige, die am meisten davon zu profitieren scheinen, dass sie Fachkräfte für den Berufseinstieg erhalten, spüren den Mangel bei komplexeren Prozessen, da die Arbeiter*innen nicht über das allgemeine Hintergrundwissen und die umfassenderen Erfahrungen verfügen, wie sie die Absolvent*innen einer technischen Hochschule oder gewerblich orientierten Oberschule erwerben. Die Einführung von berufsorientierten Materialien hingegen, mit denen sich Einfluss auf die eigene Umwelt nehmen lässt, wird einiges dazu beitragen, den Anteil unabhängiger, intelligenter Bürger*innen zu erreichen, der in einer Demokratie benötigt wird.

Für eine Gesellschaft ist es fatal, die Entstehung undurchlässiger Klassen zu erlauben. Vermögensunterschiede, die Existenz einer großen Zahl ungelernter Arbeiter*innen einerseits, die Verachtung für manuelle Arbeit andererseits sowie der Mangel an Ausbildungsformen, die ein Vorankommen im Leben ermöglichen – all das trägt zur Entstehung von Klassen und zur Vergrößerung der Kluft zwischen ihnen bei.

Politik und Gesetzgebung können etwas gegen diese negativen Kräfte tun. Eine kluge Philanthropie kann etwas tun. Doch die einzige grundlegende Handlungsmacht für das Gute ist das öffentliche Schulsystem. Alle Amerikaner*innen sind stolz auf das, was in der Vergangenheit dadurch erreicht wurde, dass unter all den unterschiedlichen Bevölkerungsgruppen ein Gefühl der Gemeinschaft und der Brüderlichkeit entstehen konnte: Das Gefühl gemeinsamer Interessen und Ziele siegte über die mächtigen Kräfte, die an der Aufspaltung unseres Volkes in Klassen arbeiten. Durch die zunehmende Komplexität unseres Lebens in Verbindung mit der gewaltigen Akkumulation von Wohlstand an einem Ende der Gesellschaft und dem Zustand einer fast schon katastrophalen Not an ihrem anderen Ende wird die Aufgabe der Demokratie zunehmend schwerer. Die Zeiten, in denen es ausreichte, ein System zu schaffen, in dem alle Individuen miteinander in Kontakt kommen, sind nahezu vorüber. Unterrichtsgegenstand und -methoden müssen unbedingt dem Ziel eines gesellschaftlichen Zusammenhalts angepasst werden.

Es darf nicht ein System geben für die Kinder von Eltern, die mehr freie Zeit haben, und ein anderes für die Kinder von Lohnempfänger*innen. Die durch ein solches Modell erzwungene physische Trennung ist, wenn auch ungünstig für die Entwicklung gegenseitiger Sympathie, noch das kleinere Übel. Schwerer wiegt die Tatsache, dass die bücherlastige Erziehung für einige und die »praktische« Erziehung für andere eine Segregation geistiger und moralischer Gewohnheiten, Ideale und Ansichten mit sich bringt.

Die akademische Ausbildung bringt zukünftige Bürger*innen hervor, die keinerlei Sympathie für manuelle Arbeit hegen und nicht die geringste Schulung darin erhalten haben, die dringlichsten sozialen und politischen Probleme unserer Zeit zu verstehen. Die gewerbliche Ausbildung wiederum bringt zukünftige Arbeiter*innen hervor, die größere handwerkliche Fertigkeiten besitzen mögen als ohne ihre Ausbildung, aber über keinen nennenswerten geistigen Horizont verfügen, über keine Einsicht in die wissenschaftliche und soziale Bedeutung ihrer Arbeit, über keine Bildung, die ihnen dabei hilft, ihren eigenen Weg zu finden oder sich selbst nach Bedarf anzupassen. Eine Trennung des öffentlichen

Schulsystems in einen Bereich, der einer traditionellen Methodik mit gelegentlichen Verbesserungen folgt, und einen anderen Bereich, der sich um die kümmert, die einer handwerklichen Tätigkeit nachgehen werden, kommt einem Vorhaben zur sozialen Vorbestimmung gleich, wie er dem Geiste einer Demokratie absolut fremd ist.

Eine Demokratie, die Chancengleichheit als ihr Ideal propagiert, erfordert eine Erziehung und Bildung, in der Lernen und dessen gesellschaftliche Umsetzung, Ideen und deren praktische Anwendung, Arbeit und Anerkennung des Getanen von Anfang an zusammengehören.

Aus dem Englischen von Anja Schulte

Auszug aus: John Dewey und Evelyn Dewey, *Schools of To-morrow*, University Press of the Pacific, Honolulu 2003 [Erstveröffentlichung: E. P. Dutton & Company, New York 1915], S. 303–316, leicht gekürzt.

Sharon Dodua Otoo

EIN BRIEF
AUS DEM DORF

Berlin, April 2013

Ein Brief an das Dorf

Liebe Älteste,

vielleicht wisst Ihr bereits, dass ich gesetzlich dazu verpflichtet bin, meine Söhne zur Schule zu schicken, weil wir in Deutschland leben. Hier lernen alle Kinder nach einem Lehrplan, der weiße Kinder als Zielgruppe konzipiert. Ein rascher Blick in die meisten Schulatlanten zeigt stereotype Bilder von »Afrikanern«, und in vielen naturwissenschaftlichen Lehrbüchern wird immer noch behauptet, es gebe so etwas wie eine »Menschenrasse«. Die wenigen deutschsprachigen Texte, in denen es um Schwarze Menschen geht, verwenden oft abwertende Bilder und ein erniedrigendes Vokabular, um uns zu beschreiben – als wäre die fehlende Darstellung von gesunden, fröhlichen Schwarzen Kindern, Erwachsenen und Familien nicht beleidigend genug.

...

Tagtäglich schicke ich meine Söhne in die Schule, wohl wissend, dass sie, sollte ein weißer Lehrer im Unterricht einen rassistischen Ausdruck verwenden, auf sich selbst gestellt sind. Machen meine Kinder den Mund auf, werden sie als »sensibel« oder »bockig« abgestempelt. Manchmal erinnern diese Lehrer*innen an ihre beeindruckende Sammlung Schwarzer Freund*innen, als Beweis dafür, dass man sie keinesfalls eines solchen fürchterlichen Vergehens bezichtigen könne. Sie sehen Hautfarbe nicht! Sie sind die am wenigsten rassistischen Menschen überhaupt! Und ich denke mir: Am Ende dieser Schlange, wo die »am wenigsten rassistischen Leute überhaupt!« stehen – es muss ein ganz schönes Gedränge dort herrschen. Kolleg*innen unterstützen die Lehrer*innen stets bedingungslos, während die weißen Schulkamerad*innen zusehen und die wichtigste Lektion von allen lernen: wie man die Bedenken Schwarzer Kinder ignoriert und kleinredet.

Ich habe mich bemüht. Damals etwa, als ein Kind meinem Sohn einen Radiergummi an die Haut gehalten und versucht hat, die Farbe abzurubbeln, während ein anderes ihm gleichzeitig erklärte: »Schwarz ist die Farbe des Teufels.« Damals besuchte ich die Schule mit einer weißen Mutter und sprach sehr ruhig über Stereotype und schlug einige Kindergeschichten mit positiv besetzten Bildern von Schwarzen Menschen vor.

Gemeinsam mit dem »Vielfaltkomitee« der Schule habe ich die Ausstellung *Homestory Deutschland – Schwarze Biografien in Geschichte und Gegenwart* nach Berlin gebracht. Fünf Wochen lang war sie auf dem Schulgelände zu sehen. Ich habe Briefe geschrieben; ich habe an Schulkonferenzen teilgenommen; ich habe mich von Anti-Diskriminierungs-Büros beraten lassen; ich habe meinen schriftlichen Protest an gleichgesinnte Mitglieder der Community geschickt und sie ermuntert, ebenfalls an die Schule zu schreiben; ich habe geschwiegen. Bisher hat keine dieser Strategien funktioniert.

...

Und trotzdem darf ich nicht aufgeben. An ihrer Schule und überall in Deutschland gibt es andere Schwarze Kinder, vielleicht sind sie noch isolierter als meine Söhne. Im ganzen Land legen sich Kinder ihre eigenen Strategien zurecht, um der – manchmal unterschwelligen, manchmal offenen, immer jedoch brutalen – Kombination aus Rassismus und Adultismus, die sie erleben, zu widerstehen.

Unsere Kinder sind stärker, als wir es wahrhaben wollen. Sie überleben ihre Erfahrungen mit Diskriminierung. Sie überleben es, als Aggressor*innen abgestempelt zu werden, sobald sie für sich einstehen. Sie überleben es zu sehen, wie ihre Eltern leiden, weil wir sie nicht schützen können. Und trotz allem wird von ihnen erwartet, jeden Morgen pünktlich um 8 Uhr in der Schule zu sein und Leistung zu zeigen.

»Es braucht ein Dorf, um ein Kind großzuziehen«, heißt es bei uns, und das ist keine leere Phrase. Bitte überlasst die Erziehung unserer Kinder nicht allein dem deutschen Schulsystem. Bitte unterstützt Familien und Communities dabei, unseren Schwarzen Kindern etwas über unsere afrikanische Diaspora beizubringen: unsere Geschichte, unsere Communities, unsere Wirtschaft, unsere Kämpfe, unsere Errungenschaften. Lasst uns unsere eigenen Unterrichtsmaterialien verwenden, in denen Schwarze Menschen vorkommen – historische Figuren, zeitgenössische Persönlichkeiten und fiktive Charaktere. Unterstützen wir unsere Schwarzen Kinder dabei, stolz auf sich zu sein. Lassen wir sie wissen, dass wir hinter ihnen stehen.

Immer wenn negative Bilder von Schwarzen Menschen präsentiert werden, ist es unsere Pflicht, unsere Stimme zu erheben. Wir dürfen den Mainstream nicht dem Mainstream überlassen.

Als Mitglied der Initiative Schwarze Menschen in Deutschland habe ich gelernt, dass Aktivismus nicht nur bedeutet, für oder gegen etwas zu kämpfen, sondern auf der Seite derer zu stehen, die bereits für sich selbst kämpfen.

Liebe Älteste, lasst uns gemeinsam den Widerstand unserer Kinder unterstützen.

    Hochachtungsvoll
    Sharon Dodua Otoo

Berlin, April 2017

Ein Brief aus dem Dorf

Liebe Älteste,

als ich im Frühjahr 2013 »Ein Brief an das Dorf« auf meinem privaten Blog postete, wurde er in kürzer Zeit mehrfach auf Facebook und Twitter geteilt und sogar von der internationalen Zeitschrift *The African Courier* veröffentlicht.

Den Brief habe ich geschrieben, weil mich die Zustände im deutschen Bildungssystem frustrierten. Ich habe vier Kinder, drei davon gingen damals zur Schule. Obwohl die PISA-Studie bereits 2001 ergab, dass das deutsche Bildungssystem im Grunde völlig versagt, sofern man kein weißes Kind ist, konnte ich seither keine konkreten Bemühungen erkennen, das Ungleichgewicht zu beheben.

Kurz vor der Veröffentlichung meines Briefes war ich in die sogenannte Kinderbuchdebatte involviert und vertrat die Meinung, dass rassistische Ausdrücke in Kinderliteratur – oder in Literatur überhaupt – keinen Platz haben sollten.

Mir ging es nicht darum, dass wir die Bücher einfach verbieten oder verletzende Wörter entfernen und den restlichen – oft gleichermaßen problematischen – Plot nicht anrühren. Ich wünschte mir eine ehrliche Debatte darüber, in welch einer Gesellschaft wir alle unsere Kinder großziehen möchten. Rassistische Bücher sind für Schwarze und andere Kinder of Colour toxisch, erweisen aber auch weißen Kindern einen Bärendienst. Außerdem hatte ich gehofft, dass wir die Veröffentlichung vielfältigerer deutschsprachiger Kinderbücher anregen könnten.

Es machte mich wütend, dass viele meiner Mitstreiter*innen verlacht und beleidigt wurden – sogar in Artikeln der großen deutschen Zeitungen. Es hat mich verletzt, dass manche Kolleg*innen beschlossen, sich an der Debatte gar nicht erst zu beteiligen, und mich für meinen Einsatz kritisierten. Den Brief habe ich geschrieben, um zu sagen: Wir können nicht darauf warten, dass das Bildungssystem seine eigenen Schwächen erkennt. Nur weil wir es überlebt haben, sollten wir von unseren Kindern nicht dasselbe erwarten. Sie haben Besseres verdient.

Jetzt, vier Jahre später, schreibe ich einen offenen Brief an Euch. Anstatt ihn auf meinem Blog oder auf Facebook zu veröffentlichen, lese ich ihn hier vor, bei dieser Konferenz namens »Schools of Tomorrow«.

Ich beginne mit einem Gedicht mit dem Titel »No Problem« von Dr. Benjamin Zephaniah, einem Autor und Dichter, der 1958 in England geboren wurde und jamaikanische Wurzeln hat. Die Erfahrungen, Gefühle und Meinungen, die Zephaniah beschreibt, dürften manchen von Euch leider allzu vertraut sein.

No Problem

I am not de problem
But I bare de brunt
Of silly playground taunts
An racist stunts,
I am not de problem
I am a born academic
But dey got me on de run
Now I am branded athletic,
I am not de problem
If yu give I a chance
I can teach yu of Timbuktu
I can do more dan dance,
I am not de problem

I greet yu wid a smile
Yu put me in a pigeon hole
But I am versatile.

These conditions may affect me
As I get older,
An I am positively sure
I have no chips on me shoulders, (bin nicht streitlustig)
Black is not de problem
Mother country get it right,
An just for de record,
Sum of me best friends are white

Liebe Kinder,

vielleicht fragt Ihr Euch: Wenn doch alles so schlimm war, als wir Erwachsene zur Schule gingen, weshalb haben wir es nicht verändert? Weshalb ist es immer noch so schlimm? Ehrlich gesagt, ich habe mir oft genau dieselbe Frage gestellt.

Einem 2013 veröffentlichten Bericht der Open Society Justice Initiative zufolge machen 50 Prozent der weißen Schüler*innen in Berlin Abitur. Bei Kindern aus Familien, deren erste Sprache nicht Deutsch ist, sind es weniger als ein Drittel.

Lediglich 6,1 Prozent der Lehrer*innen in Deutschland haben einen sogenannten Migrationshintergrund, während 20 Prozent der Kinder in Deutschland und beinahe 25 Prozent der Schulkinder in Berlin keine weißen Deutschen sind.

Und für Kinder mit einem sogenannten Migrationshintergrund ist es doppelt so wahrscheinlich, dass sie auf einer Hauptschule landen, wo es nicht möglich ist, ein Abitur zu machen, wie für ihre weißen deutschen Gleichaltrigen. Das gilt, selbst wenn die soziale Klasse mitberücksichtigt wird.

Wie ist so etwas im 21. Jahrhundert noch möglich?

Anstatt in diese deprimierende Grube hinabzusteigen, aus der man nicht wieder herauskommt, möchte ich Euch Neuigkeiten aus jenem sprichwörtlichen Dorf überbringen: von Menschen, die ich kenne und bewundere und die die Phrase ernst nehmen. Ich möchte Euch davon berichten, was passiert ist, seit ich jenen Brief vor vier Jahren geschrieben habe.

Wenn ich etwas schreibe, schicke ich es üblicherweise meinen engen Freund*innen mit der Bitte um Feedback. Damals, im Jahr 2013, schrieb mir meine gute Freundin Mirjam eine Antwort, die unter anderem diesen Satz enthielt:

»Wir brauchen unsere eigene Schule! Ich sag's Dir! Wir haben noch etwa vier Jahre, um uns ernsthaft zu organisieren, bevor [unsere Kinder] in die Schule kommen ...«

Wir beide hatten ihre E-Mail völlig vergessen, bis ich beim Schreiben meines Briefes an Euch wieder darüber gestolpert bin. Als Mirjam diese Zeilen schrieb, war sie mit ihrer Tochter schwanger und mein jüngster Sohn war gerade ein Jahr alt. Heute sind beide in der Sankofa Kita – einer wunderschönen Kindertagesstätte, die Mirjam ins Leben gerufen hat und leitet. In der Kita gibt es drei Gruppen und drei gesprochene Sprachen: Französisch, Deutsch und Englisch. Andere Sprachen der afrikanischen Diaspora werden durch Lieder und Kinderreime gewürdigt. Abgesehen von dem üblichen Angebot an Spielen für drinnen und draußen, Kunst und Kunsthandwerk, Backen, Gartenarbeit und Musik, beschenkt Sankofa die Kinder damit, dass sie Erwachsene und Kinder, die so aussehen wie sie selbst, in einem positiven, unterstützenden, fröhlichen und umsorgenden Umfeld sehen. Für das Selbstwertgefühl und das seelische Wachstum der Kinder ist das von unschätzbarem

Wert. Wenn Mirjam sagt: »Black Lives Matter«, dann wissen alle, dass sie es auch wirklich meint! Ich platze vor Stolz auf all das, was sie erreicht hat.

Ein anderes Beispiel ist unsere Antidiskriminierungsbeauftragte für Schulen. Saraya Gomis trat kürzlich diese Stelle in der Berliner Senatsbildungsverwaltung an. Um ehrlich zu sein, hat der Tag nicht genügend Stunden, um das Loblied auf Saraya zu singen. Nicht nur ist sie eine Sekundarschullehrerin, die ihre Schüler*innen innigst liebt, sie ist auch im Vorstand von Each One Teach One e. V., einem gemeinnützigen Verein im Wedding, der verschiedene Bildungsprojekte für Schwarze Jugendliche anbietet, darunter das Vera-Heyer-Archiv, eine Schwarze Bibliothek und einen Jugendklub namens Black Youth Fridayz. Als Antidiskriminierungsbeauftragte für Schulen arbeitet Saraya unter anderem mit Schulleiter*innen und Klassenteams in der ganzen Stadt. Ich bin ihr unendlich dankbar für ihre unerschöpfliche Energie, ihren Enthusiasmus und Optimismus. Sie ist für Euch da.

Abschließend möchte ich eine besondere Gruppe von Menschen erwähnen, die in Schulen tätig sind, um das Bewusstsein für polizeiliche Gewalt und institutionellen Rassismus in Deutschland zu schärfen. Manchen von Euch ist der Name Oury Jalloh vielleicht bekannt – einem Mann, der 2005 in einer Polizeizelle in Dessau unter zweifelhaften und noch ungeklärten Umständen verbrannt ist. Mitglieder der Initiative in Gedenken an Oury Jalloh und der Jugendarbeiter Sebastian Fleary leiten bundesweit theaterpädagogische Workshops an Schulen und in Jugendklubs, um für Menschenrechte und Diversität zu sensibilisieren. Ihnen gebührt mein tiefster Respekt.

Die Workshops werden von den Regionalen Arbeitsstellen für Bildung, Integration und Demokratie e. V. – RAA Berlin – unterstützt. Eure morgige Hausaufgabe lautet: Bittet Eure Lehrer*innen, die RAA Berlin zu kontaktieren und das Team zu Euch an die Schule einzuladen!

Es gibt so viele weitere Menschen, die ich erwähnen könnte – Dr. Andrés Nader beispielsweise, den Leiter der RAA Berlin, der institutioneller Bildungsbenachteiligung entgegentritt; Dr. Elina Marmer, die das Afrikabild in deutschen Schulbüchern erforscht; Josephine Apraku und Dr. Jule Bönkost, die Leiterinnen des Instituts für diskriminierungsfreie Bildung, das derzeit eine Weiterbildung für Lehrer*innen zum Thema Kolonialismus und Kolonialrassismus im Schulunterricht anbietet; Meral El, der in enger Zusammenarbeit mit der Open Society Justice Initiative 2013 die Konferenz »Diskriminierung an Berliner Schulen benennen: Von Rassismus zu Inklusion« organisiert hat; Professor Dr. Maisha Auma, eine Wissenschaftlerin mit Schwerpunkt Kindheit und Differenz; Nuran Yiğit und Maryam Haschemi Yekani, zwei der vielen treibenden Kräfte hinter der Initiative, die das BeNeDisk (Berliner Netzwerk gegen Diskriminierung in Schule und Kita) gegründet hat. Außerdem möchte ich all jene Eltern, Betreuer*innen und Freiwillige nennen, die Kindern regelmäßig in der Schule vorlesen, bei Sommerfesten an den Schulen aushelfen oder Geld für diverse Bücher und Spielsachen für Berliner Vorschulen sammeln. Was ich sagen will: Wir sind da. Und wir alle stehen hinter Euch.

Die Veränderungen, die es braucht, um Schulen für Euch und Eure Schulkamerad*innen besser zu machen, sind struktureller Natur: Zugang zu qualitativ hochwertiger Bildung, die weder herabwürdigend noch beleidigend ist, ist ein grundlegendes Menschenrecht. Institutionelle und strukturelle Diskriminierung im deutschen Bildungssystem muss von führenden Stellen und Politiker*innen angegangen werden.

Trotzdem haben wir, die Dorfbewohner*innen, uns gesagt: Wenn wir darauf warten, dass sie den ersten Schritt machen, werden wir lange warten müssen. Wir alle haben beschlossen, irgendwo anzufangen. Und bald werden wir den Staffelstab an Euch übergeben, liebe künftige Dorfbewohner*innen. Ich freue mich schon sehr darauf, mit Euch zusammenzuarbeiten – es gibt mehr als genug zu tun!

Sankofa beispielsweise kann immer ein paar Hände mehr gebrauchen!

Der Berliner Senat muss Eure Vorschläge zu hören bekommen, wie Schulen echte Chancengleichheit bieten können.

Und bitte vergesst nicht, Euren Lehrer*innen von den Workshop-Angeboten für Schulen zu erzählen.

Ich werde meinen Brief an Euch mit einem weiteren Gedicht von Dr. Zephaniah beenden – weil es so gut passt.

Das Gedicht heißt »I Have a Scheme«:

I am here today my friends to tell you there is hope
As high as that mountain may seem
I must tell you
I have a dream
And my friends
There is a tunnel at the end of the light.
And beyond that tunnel I see a future
I see a time
When angry white men
Will sit down with angry black women
And talk about the weather,
Black employers will display notice-boards proclaiming,
'Me nu care wea yu come from yu know
So long as yu can do a good day's work, dat cool wid me.'

I see a time
When words like affirmative action

Will have sexual connotations
And black people all over this blessed country of ours
Will play golf,
Yes my friends that time is coming
And in that time
Afro-Caribbean and Asian youth
Will spend big money on English takeaways
And all police officers will be armed
With a dumplin,
I see a time
A time when the President of the United States of America
will stand up and say,
'I inhaled
And it did kinda nice
So rewind and cum again.'
Immigration officers will just check that you are all right
And all black people will speak Welsh.

I may not get there my friends
But I have seen that time
I see thousands of muscular black men on Hampstead Heath walking their poodles
And hundreds of black female Formula 1 drivers
Racing around Birmingham in pursuit of a truly British
way of life.
I have a dream
That one day from all the churches of this land we will hear
the sound of that great old
English spiritual,
Here we go, Here we go, Here we go.
One day all great songs will be made that way.

I am here today my friends to tell you
That the time is coming
When all people, regardless of colour or class,
will have at least one Barry Manilow record
And vending-machines throughout the continent of Europe
Will flow with sour sap and sugarcane juice
For it is written in the great book of multiculturalism
That the curry will blend with the shepherd's pie and the Afro hairstyle will return.

Let me hear you say
Multiculture
Amen
Let me hear you say
Roti, Roti
A women.

The time is coming
I may not get there with you
But I have seen that time,
And as an Equal Opportunities poet
It pleases me
To give you this opportunity
To share my vision of hope
And I just hope
you can cope
With a future as black as this.

> Hochachtungsvoll
> Sharon Dodua Otoo

*Aus dem Englischen übersetzt von Beatrice Faßbender
und von der Autorin durchgesehen.*

Gekürzte Fassung einer Rede am Haus der Kulturen der Welt im Rahmen von »Schools of Tomorrow«, 04.05.2017.

Keri Facer

DAS ENDE
DER ZUKUNFT
VERHINDERN

Zum ersten Mal war ich 1987 in Berlin, wo ich als damals 16-Jährige den Reichstag mit einer deutschen Freundin besuchte. Ich weiß noch, dass ich eine große Treppe hinaufstieg und aus riesigen Fenstern auf der Rückseite des Gebäudes schaute. Ich sah die Wachtürme, die bewaffneten Soldaten, die Mauer und das Niemandsland. Ein erschreckender Anblick. Mein dritter Besuch, zwei Jahre später, war dann völlig anders: In einer Dezembernacht war ich mit Freund*innen zum Brandenburger Tor unterwegs. Ganz in der Nähe hörten wir ein dröhnendes Hämmern. Als wir darauf zugingen, wurde mir klar, dass es das Geräusch Tausender Menschen war, die Löcher in die Mauer schlugen und sie buchstäblich mit Händen und Hämmern einrissen. Auch ich landete an jenem Abend gegen Ende des Jahres 1989 auf der Mauer, wo ich mit den Grenzern eine Zigarette rauchte.

Dieses historische Ereignis ist vielen Menschen in Europa bekannt, obwohl die Erinnerungen daran heute am Verblassen sind. Doch es ist wichtig, sich an solche Ereignisse zu erinnern, wenn wir über den Zusammenhang zwischen Bildung und Zukunft nachdenken. Wir müssen zur Kenntnis nehmen, dass sich die Welt schnell und völlig unerwartet ändern kann. Die Zukunft kann mithin ganz anders aussehen als erwartet.

Wie also nehmen wir die Zukunft in der Bildung ernst? Auf welches Morgen sollen Schulen junge Menschen vorbereiten? Vor etwa zehn Jahren lud ich im Rahmen eines Zukunftsprojekts der britischen Regierung eine Gruppe von Akademiker*innen und Pädagog*innen aller Fachrichtungen ein, Entwicklungen zu untersuchen, von denen wir glaubten, sie könnten die Bildung bis zum Jahr 2035 beeinflussen. Wir haben damals folgende wesentliche Entwicklungen herausgearbeitet:

Erstens: eine weltweit alternde Gesellschaft. Wir erleben einen massiven demografischen Wandel hin zu alternden Bevölkerungen, wie es ihn noch nie gegeben hat. Im Jahr 2035 wird wahrscheinlich die Hälfte der Bevölkerung Westeuropas über 50 Jahre alt sein, mit einer Lebenserwartung von weiteren 40 Jahren. Ein weiteres Viertel der Bevölkerung wird über 65 Jahre alt sein.

Zweitens: wachsende wirtschaftliche Ungleichheiten. Der Reichtum wird sich auf eine immer kleinere Minderheit konzentrieren. Die Kluft zwischen den Reichsten und den Ärmsten wächst, und auch die Sprossen der Karriereleiter werden nicht mehr so leicht zu erklimmen sein. Das hat gravierende Auswirkungen auf den gesellschaftlichen Zusammenhalt.

Drittens: disruptive gesellschaftliche und wirtschaftliche Auswirkungen des Klimawandels. Der Klimawandel wird, definitionsgemäß, unvorhersehbar und chaotisch sein. Infolge der Erderwärmung um zwei Grad, auf die wir offenbar zusteuern, werden etwa 45 Prozent aller Arten aussterben. Es entstehen enorme Kosten bei der Instandhaltung der öffentlichen Infrastruktur. Die Migration aus Gegenden der Welt, die vom Klimawandel besonders stark betroffen sind, wird zunehmen.

Viertens: eine Reihe bedeutender technologischer Entwicklungen wie Unmengen von Daten in allen Lebensbereichen, die verstärkte Zusammenarbeit mit nichtmenschlicher Intelligenz, das Verschmelzen physischer und digitaler Infrastrukturen und die Entwicklung von Biotechnologien. Ein wesentlicher Aspekt dieser Entwicklung wird das sich wandelnde Menschenbild sein.

Im Laufe der zehn Jahre seit meiner ersten Studie haben wir miterlebt, dass diese Entwicklungen neue Formen angenommen haben und zu zunehmender Verunsicherung führen.

– Wir erleben eine sich verschärfende, dauerhafte Wirtschaftskrise. Sie ist eine Krise der Ungleichheiten und der Abschöpfung von Reichtum durch Minderheiten.

- Wir beobachten ein Wiederaufleben populistischer und nationalistischer Befindlichkeiten, die das europäische Projekt in Frage stellen.
- Wir erleben auf internationaler Ebene, dass Großmachtpolitik und das Gespenst des Atomkriegs wiederkehren.
- Wir beobachten die ersten Wellen internationaler Migrationsbewegungen infolge von Krieg, wirtschaftlicher Not und Klimawandel.

Erlebt haben wir in dieser Zeit außerdem
- den Aufstieg der sozialen Medien, die eine Twittersphäre hervorgebracht haben, wie wir sie uns nicht hätten vorstellen können;
- die Entwicklung neuer Energiequellen;
- ein Wiederaufleben der Zivilgesellschaft und der Städte als machtvolle Faktoren im Kampf gegen den Klimawandel
- und nicht zu vergessen eine weltweite Begeisterung für Katzenvideos auf Youtube.

Die Welt ist ein seltsamer, sich ständig verändernder, komplizierter Ort. Aus den genannten unterschiedlichen technologischen, ökologischen, wirtschaftlichen und politischen Kräften wird die Welt hervorgehen, in der wir in 20 Jahren leben werden. Das bedeutet, die Zukunft ist auf eine sehr kreative und spannende Weise ungewiss und damit nicht vorbestimmt.

Wie sollte Bildung auf die Ungewissheit der Zukunft reagieren?
Der Bildungsauftrag kann sicher nicht lauten, junge Menschen auf eine stabile, vorhersehbare Welt vorzubereiten. Stattdessen hat Bildung in dieser ungewissen Welt zwei Aufgaben:

Die erste besteht darin, ein Ende der Zukunft zu verhindern. Die größte Gefahr, der wir als Spezies und als Planet entgegensehen, ist der

Verlust der Fülle, die Überspezialisierung auf nur eine Lebensweise sowie der Rückgang der Vielfalt. Eine drängende und wichtige Bildungsaufgabe besteht deshalb darin, die unterschiedlichen Wissens- und Lebensarten auf dieser Welt zu schützen, denn wir WISSEN NICHT, welche von ihnen in Zukunft der Schlüssel zum Überleben sein werden. Wir brauchen Schulen, die die Unterschiede, die unsere Schüler*innen mitbringen, wertschätzen, fördern und schützen und sie dazu ermutigen, ihrerseits Unterschiede zu schätzen, zu fördern und zu schützen.

Die zweite Aufgabe von Bildung besteht darin, neuen und besseren Möglichkeiten von Zukunft, die wir heute noch nicht erahnen können, den Weg zu bereiten. Schulen haben das Zeug dazu, ganz besondere Orte zu sein, an denen Zukunft erfunden, erschaffen und neu gedacht wird. Sie können zu Laboratorien der Zukunft werden, neue Entwicklungen untersuchen, an diesen Rohstoffen des Wandels arbeiten, um Schüler*innen dabei zu unterstützen, neue Welten zu erdenken und zu gestalten.

Wie können Schulen zu Laboratorien der Zukunft werden?
Einfach gesagt: Schulen müssen zu Orten werden, an denen Schüler*innen und Lehrer*innen sich erstens mit der geistigen Herausforderung einer Reflexion über Zeit und Wandel auseinandersetzen können. Zweitens müssen sie sich mit den praktischen Details des Schutzes einer offenen Zukunft befassen und drittens die emotionale Wirklichkeit eines Lebens in Ungewissheit ansprechen können.

Schritt 1 – mit Zeit und Wandel spielen
Wenn Schulen Laboratorien der Zukunft sein sollen, müssen Schüler*innen dazu angeregt werden, Zeit, Geschichte und Wandel als etwas Komplexes, Vielschichtiges und Offenes wahrzunehmen.

Diese Komplexität sollte ihnen allerdings nicht zur Panik gereichen, sondern als Quelle von Kreativität dienen. Was bedeutet das? Das bedeutet vor allem, uns vom klassischen westlichen Geschichtsverständnis der Nach-Aufklärungszeit zu befreien, das Geschichte als zwangsläufigen, linearen Fortschritt hin zu einer besseren Zukunft begreift, in der jede Abweichung vom vorhergesagten Narrativ als Ursache von Krisen gesehen wird. Stattdessen müssen wir eine komplexere, reichhaltige und erfinderische Bandbreite an Bildern bieten, um die Vorstellungen der Schüler*innen von der Art und Weise, wie sich Wandel vollzieht, zu beflügeln. Wie schon der große arabische Historiker des 14. Jahrhunderts Ibn Khaldun könnten wir Zeit und Wandel beispielsweise als Wellenbewegung denken, in der Zivilisationen aufsteigen und untergehen, Gesellschaften und Bevölkerungen größer und kleiner werden. Wir könnten Zeit zyklisch denken – in den Kreisläufen des Jahres, der Ernte, des Mondes, von Geburt und Tod, Wachstum und Verfall. Das ist ein bekanntes Muster in indigenen und landwirtschaftlichen Traditionen sowie zahlreichen Glaubensrichtungen des Ostens. Wir könnten uns Zeit und Wandel kristallin oder baumartig vorstellen, als eine sich ständig entwickelnde, wachsende Form, die sich verschieden ausprägt. Der Baum ist in vielen Denktraditionen ein mächtiges Symbol der Zeit, des Wissens und des Wachstums.

Aus dieser umfassenderen Perspektive betrachtet, erscheint das, was in einem linearen Fortschrittsnarrativ als ein Moment der Krise wahrgenommen würde, als ein Moment, das den Einsatz von Fantasie erfordert. Es ist ein Moment des Wandels und nicht der Katastrophe, ein Teil des ständigen Kreislaufs, keine radikale Wende. Es ist ein Moment der Wahlmöglichkeiten und der Entscheidung darüber, wo sich neue Wege und künftige Möglichkeiten auftun könnten.

Heute erzählt man unseren Kindern in Europa und weltweit, dass die althergebrachte Geschichte vom Fortschritt und der stetigen

Verbesserung der Arbeitsbedingungen und -aussichten nicht mehr aufrechtzuerhalten sei, dass sie nichts Besseres erwarten können als ihre Eltern. In einer solchen Situation sollte ganz sicher niemand darin bestärkt werden, sich in einem immer stärker wettbewerbsorientierten Umfeld an vergangene Hoffnungen zu klammern oder jene zu bekämpfen, von denen man sich bedroht fühlt. Wir brauchen vielmehr eine neue Denkweise, die den Wandel als Chance begreift, tiefgreifende Fragen dazu zu stellen, wie Gesellschaften organisiert sind und wie sie neu gedacht und gestaltet werden könnten.

Schritt 2 – sich mit dem Lehrplan kreativ auseinandersetzen
Wenn wir über neue Lehrpläne für die Schule von Morgen sprechen, versteifen wir uns oft darauf, dass wir viele neue Dinge unterrichten müssen. Ich möchte etwas wesentlich Simpleres vorschlagen: Wir müssen einfach die Fächer, die wir bereits unterrichten, aus der Vergangenheit in die Zukunft holen.

Das heißt, wir müssen davon absehen, Fächer als Ansammlungen von Wissen zu betrachten, und anerkennen, dass ihre wahre Stärke darin liegt, uns dabei zu helfen, mit neuen Informationen umzugehen und uns die Zukunft auf unterschiedlichen Wegen zu erarbeiten. Schließlich wurden die Fächer speziell dazu eingeführt, die Informationskrise des 18. Jahrhunderts zu überwinden, die infolge der Demokratisierung von Druck und Verlagswesen zu Tage getreten ist, und in der das alte Bildungskonzept des (im weitesten Sinne) »Lesens der richtigen Bücher« nicht mehr praxistauglich war. Bildung bedeutete unter diesen neuen Bedingungen, Methoden zu beherrschen, mit neuen Informationen umzugehen, herauszufinden, wie man ihnen Sinn verleiht, und sie mit Vergangenem zu verknüpfen. Das bedeutete Spezialisierung und die Erkenntnis, dass verschiedene Wissensgebiete (Disziplinen) unterschiedliche Methoden erforderlich machen, um neue Informationen zu bewerten und zu verstehen.

Im Lauf der Zeit ist diese Idee verloren gegangen, und wir sind in den Schulen dazu übergegangen, die Disziplinen wie alte Wissensschätze zu vermitteln. Wir müssen die Zukunftsorientiertheit der Schulfächer wiederentdecken und dafür sorgen, dass Schüler*innen nicht nur als Empfänger*innen überkommenen Wissens gesehen werden, sondern als aktive Koproduzent*innen und Analytiker*innen neuer Informationen. Sie sind Autor*innen, Wissenschaftler*innen, Mathematiker*innen, Historiker*innen – sie arbeiten mit Neuem und gestalten die Welt beim Lernen.

Bemerkenswert ist aber, dass unsere bestehenden Fächer noch etwas anderes können. Zusammen verfügen sie über das Potenzial, vier verschiedene Wege zu vermitteln, über Zukunft nachzudenken und sie zu gestalten.

Erstens können unsere Fächer Schüler*innen beim Nachdenken über die Zukunft etwas enorm Bedeutendes beibringen: Sie können sie dazu motivieren, *Zukunftsmodelle zu entwerfen*. Dazu gehören die Entwicklung mathematischer Weltmodelle oder Simulationen in den Naturwissenschaften, aber auch die Erschaffung alternativer Welten und Lebensweisen in Literatur und Theater. Solche Modellbildungen können große Kraft entfalten, denn sie ermöglichen Schüler*innen, mit Variablen zu spielen, unbeabsichtigte Folgen ihrer Interaktionen zu analysieren, die Ursachen verschiedener Zukunftsszenarien zu untersuchen und sich vorzustellen, wie es wäre, in einer anderen Welt zu leben.

Zweitens lernen Schüler*innen in unseren Fächern den *verantwortungsvollen Umgang* mit Informationen, Wissen und Lebensweisen. In einer ganzen Reihe von Fächern lernen Kinder, wie sie Diversität in Zukunft achten und erhalten können. Sie werden dazu ermutigt, sich mit einer großen Bandbreite an Ideen, Sprachen, Wissensformen und Lebensweisen auseinanderzusetzen, die den Reichtum der menschlichen und materiellen Existenz ausmachen, und diese zu bewahren. Verantwortungsvolles Handeln wird sowohl in Biologie als auch in den Sprachen und in Geschichte gelehrt.

Drittens lehren die Schulfächer die *Kunst der Reflexion*. Die Schüler*innen lernen also, die Zukunft, die ihnen verkauft wird, zu hinterfragen. Linguistik, Sozialwissenschaften, Statistik und Philosophie ermöglichen Schüler*innen die Fähigkeit zu entwickeln, von anderen propagierte Zukunftsnarrative zu analysieren, zu dekonstruieren und zu hinterfragen.

Viertens lernen Schüler*innen in unseren Fächern zu *experimentieren*. Ist der Unterricht gut, lernen sie, ihre Welt zu erfinden und neu zu gestalten. Das mag vom Entwurf eines Prototyps bis zur Entwicklung sozialer Neuerungen reichen. Das betrifft alles, von Gestaltung und Technik über die Informatik bis hin zu den Sozialwissenschaften.

So wie die Brüder Humboldt im 18. Jahrhundert erkannten, dass Lehre und Wissen angesichts der Informationsexplosion der Aufklärung neu organisiert werden mussten, so müssen auch wir heute die Bildung neu organisieren, um uns der durch sie vermittelten Fähigkeiten, Zukunft zu gestalten, bewusster zu werden. Auf diese Weise können wir das Problem lösen, dass uns die Aufklärung hinterlassen hat: die Überspezialisierung. Wir müssen stattdessen dafür sorgen, dass sich Schüler*innen zu umfassend gebildeten Menschen entwickeln, die in der Lage sind, ethisch verantwortungsvoll, kreativ und von einer tieferen Einsicht getragen mit der Welt umzugehen. Wir brauchen weder Ingenieur*innen, die Diversität nicht zu schätzen und zu erhalten wissen, noch Sozialwissenschaftler*innen, die nur zu kritisieren, aber nicht zu handeln verstehen.

Schritt 3 – mit Rückschlägen umgehen

Das dritte und letzte Element auf dem Weg zu einer Erziehung der offenen Zukunft ist das wohl wichtigste: die Fähigkeit, die Emotionen, die mit dem Nachdenken über die Zukunft einhergehen – Angst und Hoffnung, Furcht und Verlangen –, zu verstehen, zu erkennen und aufzuarbeiten. Wir müssen uns damit auseinandersetzen, wie diese Gefühle unsere Wahrnehmung des Möglichkeitsspektrums beeinflussen und unser Gefühl für das Machbare beeinträchtigen könnten. Wir müssen darüber nachdenken, was uns dazu befähigt, mit den unvermeidlichen Rückschlägen und Widerständen umzugehen, die uns auf unserem Weg in die Zukunft begegnen werden.

Denken wir an dieser Stelle an unser eigenes Erwachsenenleben, stellen wir fest: Was uns über diese Zeiten und Schwierigkeiten hinweghilft, ist Freundschaft. Vor diesem Hintergrund könnte sich eine Erziehung »für die Zukunft« in gleichem Maße der Befähigung verschreiben zu lieben, sich um andere zu kümmern und Freundschaften zu schließen wie der Entwicklung des Intellekts und dem Wissenserwerb.

Resümee

Wir müssen uns bewusst sein, dass es kein einzelnes, einfaches Morgen gibt, auf das wir junge Menschen vorbereiten können. Es gibt viele mögliche Morgen, die alle im Heute angelegt sind. Daher brauchen wir eine Erziehung, die sich entschieden gegen eine beschränkte, eindimensionale Zukunftsvision einsetzt – seien es technologischer Wandel, unbarmherziger wirtschaftlicher Wettbewerb oder Umweltkrise. Wir brauchen Schulen, die Laboratorien sind, in denen junge Menschen und Lehrer*innen zusammenarbeiten, um neue Möglichkeiten zu erforschen und zu erschaffen, spielerisch mit der Zeit umzugehen, ihr Wissen zu verfeinern, sich

Möglichkeiten von Zukunft vorzustellen und diese zu erschaffen, ihre Fähigkeit zu Liebe und Fürsorge zu entwickeln.

Das reicht allerdings nicht, um die Herausforderungen der nächsten 50 bis 100 Jahre zu bewältigen. Es wäre naiv anzunehmen, die Gesellschaft ließe sich allein durch Erziehung und Bildung verändern. Es sind Allianzen und Partnerschaften zwischen Pädagog*innen und der breiteren Gesellschaft erforderlich, um gegen die Kräfte vorzugehen, die versuchen, uns die offene Zukunft zu verbauen. Dazu gehört nicht zuletzt die gegenwärtige internationale Besessenheit von Ranglisten und standardisierten Evaluationen. Vor allem aber müssen wir als Lehrende und Bürger*innen dafür kämpfen, dass Bildung und die Gesellschaft insgesamt Orte des Unerwarteten und der Überraschung bleiben, an denen der einzigartige Beitrag jedes Individuums als Beginn einer neuen Zukunft verstanden wird, die wir uns unmöglich vorstellen können. Diese Diversität wertzuschätzen, die Stärke zu verstehen, die sich aus der weltweiten Fülle an Lebensweisen ergibt, ist die einzig vernünftige Antwort auf eine Welt der unvorhersehbaren und unsicheren Zukunftsmöglichkeiten.

Aus dem Englischen von Gülçin Erentok

Gert Biesta

SCHULEN IM SHOPPING-ZEITALTER

»Toute la pédagogie est un travail compliqué …
pour aider l'enfant à se dégager de la logique du caprice.«
Philippe Meirieu[1]

Die Zukunft der Pädagogik und das Ende der Schule?
Wenn Menschen heutzutage an die Zukunft denken und sich fragen, wie wohl die Schulen der Zukunft aussehen mögen, geht dies nicht nur mit Verweisen auf eine Reihe rasanter gesellschaftlicher und technologischer Veränderungen wie Migration, Globalisierung, Digitalisierung einher, sondern auch mit einer Beurteilung der heutigen Schulen. Das Verdikt läuft dabei im Wesentlichen auf die Behauptung hinaus, dass die sogenannte »traditionelle« pädagogische Praxis mit ihrer Ausrichtung auf die Lehrer*innen und ihren Unterricht schlecht und altmodisch sei und dass die Zukunft flexibles, fortwährendes, lebenslanges Lernen erfordere. Die Hinwendung zu den Lernenden und ihrem Lernprozess wird nicht nur als Befreiung von den Arbeitsweisen traditioneller Schulen dargestellt – manche mögen sie als Unterdrückungsmechanismen bezeichnen –, sondern gilt als Königsweg, um Kinder und Jugendliche auf eine unsichere, sich rasant verändernde Zukunft vorzubereiten. Denn wer zu lernen weiß und gerne dazulernt, so das Kalkül, verfügt über die besten Voraussetzungen, sich an immer neue Bedingungen anzupassen.

Die Zukunft der Pädagogik scheint das Ende der Schule, wie wir sie kennen (oder zu kennen meinen), anzudeuten. Stattdessen werden wir flexible Lernorte haben, von denen die Schule womöglich einer sein wird oder auch nicht. Denn die Technologie, so heißt es, mache es möglich, das Lernen immer stärker auf individuelle Bedürfnisse zuzuschneiden. Daher werden nicht Schulen oder Klassenzimmer die Zukunft von Erziehung sein, sondern an PCs

»angeschlossene« Schüler*innen mit VR-Brillen und Schallschutzkopfhörern. Dabei werden Augenbewegungen und – warum auch nicht – Herzschlag, Blutdruck, Speichelfluss, Hormonspiegel, Gehirnwellen und was sich sonst noch messen lässt, erfasst. Ist das die perfekte Lernmaschine?[2] Ich glaube, das beschreibt höchstens eine sehr ärmliche – um nicht zu sagen gefährliche – Definition dessen, was Lernen ausmacht und worin sein Zweck besteht.

Eine andere Diagnose: das Shopping-Zeitalter
Obwohl viele betonen, dass unsere Zeit von (rasantem) Wandel und einer (grundsätzlich) ungewissen Zukunft geprägt ist, besteht vielleicht doch die Möglichkeit einer anderen »Diagnose«, wenn wir uns einer ehrlichen Selbstbetrachtung unterziehen. Zwar mag unsere Zeit von Migration, Globalisierung und Digitalisierung gekennzeichnet sein, doch ziehe ich es vor, sie vor allem als das Zeitalter des Shoppings zu betrachten. Die »Logik« des Shoppings ist ziemlich simpel: Wir begehren etwas und versuchen es auf dem schnellsten, einfachsten und günstigsten Weg zum besten Preis-Leistungs-Verhältnis zu erwerben und »unseren« Wunsch zu erfüllen. (Ich setze »unser« in Anführungszeichen, denn es ist eine entscheidende Frage, woher unsere Wünsche wirklich kommen und inwieweit wir behaupten können, dass es tatsächlich *unsere* Wünsche sind.)

Wenn ich unser Zeitalter als Shopping-Zeitalter beschreibe, möchte ich damit nicht nur betonen, dass Shopping in vielen (wohlhabenderen) Gegenden der Welt mittlerweile eine zentrale Rolle spielt. Ich möchte vor allem zeigen, dass die »Logik« des Shoppings viele Bereiche des gegenwärtigen Lebens durchdrungen hat, wie Paul Roberts in seinem Buch *The Impulse Society* sehr eindringlich beschreibt. Der Untertitel der britischen Ausgabe lautet: *What's Wrong with Getting What We Want?* (Was ist falsch daran, das zu bekommen, was wir wollen?)[3] Roberts schildert sehr ausführlich, wie das Prinzip der sofortigen Bedürfnisbefriedigung – das zu bekommen, was wir haben wollen, ohne zu hinterfragen, ob wir das, was wir haben wollen, auch wollen sollten – zu einem zentralen Organisationsprinzip moderner Gesellschaften geworden ist: ein Prinzip, das zudem in vielen Lebensbereichen große Probleme verursacht.

Wünsche verkaufen
Ein anschauliches Beispiel für die Auswirkungen der Logik des Shoppings findet sich in der Funktionsweise kapitalistischer Ökonomien, genauer gesagt in ihrem permanenten Wachstumsstreben. Während Ökonomien in der Vergangenheit wachsen konnten, indem sie die Bedürfnisse der Menschen erfüllten, sind diese Bedürfnisse heutzutage in vielen Teilen der Welt übererfüllt. Für viele, wenn auch nicht alle, gibt es zu viel Nahrung, die sie essen, und zu viel »Zeug«, das sie besitzen können. Über einen gewissen Zeitraum konnten sich Ökonomien räumlich ausdehnen, indem sie neue Märkte erschlossen. Doch mit der weltweiten Ausbreitung des Kapitalismus stieß diese Strategie schnell an ihre Grenzen. Die wichtigste Strategie, die modernen Ökonomien heute noch zu Wachstum verhilft, besteht darin, in den Menschen neue Bedürfnisse zu wecken, wie etwa durch Mode. Apple hat diesem Geschäftsmodell sogar noch einen weiteren Dreh verpasst. Die Firma, so könnte man behaupten, »verkauft« eigentlich keine Handys, sondern den Wunsch nach einem neuen Handy. Diesen »verkaufen« sie gratis, doch sobald der Wunsch einmal geweckt ist – sobald dieser Wunsch »unser« Wunsch geworden ist –, sind wir nur zu gern bereit, unser Geld gegen das neueste Modell einzutauschen.

Die Crux dabei ist, dass die stete Vermehrung von Wünschen unglaublich viel Müll produziert – all die Dinge, die aus der Mode kommen – und damit die Grundursache der Umweltkrise darstellt. Problematisch ist außerdem, dass die wachsende Wunschökonomie nur darauf abzielt, noch *mehr* Wünsche in uns zu wecken, und kein Interesse daran hat, dass wir »unseren« Wünschen auf den Grund gehen und uns fragen, ob wir sie uns wirklich erfüllen sollten. Und es ist nicht nur die Wirtschaft, die der Logik des Shoppings verfallen ist, d. h der sofortigen, unkritischen Bedürfnisbefriedigung. Die populistische Politik funktioniert, wenn man so will, nach demselben Prinzip. Populist*innen versprechen, sobald sie an der Macht sind, alle Wünsche ihrer Wähler*innen zu erfüllen, anstatt diese Wünsche (und ihre Realisierbarkeit) kritisch zu hinterfragen.

Ich möchte aber noch auf einen anderen Aspekt hinweisen, der in Roberts' Analyse der Impulsgesellschaft erstaunlicherweise nicht erwähnt wird, und zwar, dass auch die Pädagogik heute der Logik des Shoppings zum Opfer gefallen ist. Warum ist das so?

Die Logik des Shoppings und die Logik der Pädagogik

Das Konzept einer an Kindern und Schüler*innen orientierten Lehre ist in der Geschichte der Pädagogik nicht neu, wohl aber die Idee, dass Schüler*innen (oder im Fall jüngerer Kinder: die Eltern) Konsument*innen auf einem Bildungsmarkt sind, und dass es daher die Aufgabe von Bildungsinstitutionen – Schulen, Berufsschulen und Universitäten – sei, den Kund*innen das zu geben, was sie wollen, also das, was sie verlangen und sich wünschen. Deutlich wird dies an der Idee, dass Lernende in die Lage versetzt werden, darüber zu entscheiden, was sie lernen möchten, und dass Lehrer*innen dazu da sind, ihnen das Lernen zu erleichtern. Erkennbar ist dies auch an Systemen, die die Qualität der Lehre auf der Grundlage der Zufriedenheit von Lernenden als Konsument*innen bewerten und manchmal sogar definieren (an britischen Universitäten gibt es beispielsweise die National Student Satisfaction Survey, die genau das versucht).

Ist dies das Wesen der Pädagogik? Geht es nur darum, Lernenden und ihren Eltern das zu geben, was sie wollen? Ihren Lernbedürfnissen zu entsprechen, wie es heute oft heißt? Ich denke nicht. Ich möchte betonen, dass das Wesen der pädagogischen Arbeit darin besteht, Horizonte zu erweitern, Kindern und Jugendlichen zu zeigen, dass in der Welt und in ihnen mehr steckt, als sie vielleicht denken, dass es womöglich andere Dinge gibt, die sie sich wünschen könnten, als die, die sie sich momentan wünschen. Die Aufgabe der Pädagogik besteht darin, Kindern und Jugendlichen dabei zu helfen, ihre Wünsche aus verschiedenen Perspektiven zu sehen, anstatt sie zu akzeptieren, kaum dass sie auftauchen. Oder anders gesagt: Kinder und Jugendliche sollten darin unterstützt werden, ihre Wünsche mit der Welt, der Natur und der Gesellschaft in einen Dialog treten zu lassen. Es geht gar nicht darum, unsere Wünsche zu unterdrücken oder uns davon zu befreien, sondern herauszufinden, welche von ihnen uns dabei helfen, gemeinsam mit anderen auf einem verletzlichen Planeten ein gutes Leben zu führen, und welche uns daran hindern. In der Pädagogik geht es darum, unsere Wünsche zu erforschen, auszuwählen und zu modifizieren, anstatt sie einfach nur zu erfüllen. Deshalb widerspricht die Logik des Shoppings grundsätzlich der Logik der Pädagogik und allem, wofür sie steht.

Der Versuch, sich in der Welt erwachsen zu zeigen
Mir geht es darum, dass Erziehung damit zu tun hat, welchen Platz wir in der Welt einnehmen möchten. Meiner Ansicht nach dient pädagogische Arbeit dazu, Kinder und Jugendliche zu befähigen, ihre Wünsche »ins rechte Licht zu rücken«. Einige pädagogische Ansätze erkennen diese Aufgabe an, sehen aber die Lehrer*innen in der Verantwortung, der nächsten Generation zu vermitteln, was sie sich wünschen soll. Das Problem einer moralisierenden Pädagogik besteht jedoch darin, dass sie das Verhalten der Schüler*innen von außen überwacht, das heißt Schüler*innen sind Gegenstand

von Kontrolle und können nicht zu Subjekten eigenen Handelns werden. Aber Erziehung als Kontrollinstrument abzulehnen – was ich begrüßen würde –, bedeutet nicht, dass sich die Frage erübrigt, welche unserer Wünsche wünschenswert sind. Anstatt Kindern und Jugendlichen vorzuschreiben, was sie sich zu wünschen haben, sollte der Pädagogik daran gelegen sein, die Frage eben danach, wie wünschenswert ein Wunsch ist – hilft er dabei, gemeinsam mit anderen auf einem verletzlichen Planeten ein gutes Leben zu führen? –, zu einer Lebensfrage zu machen. Wie ich in meinem Buch *The Rediscovery of Teaching*[4] dargelegt habe, besteht die Aufgabe der Pädagogik darin, in anderen Menschen das Bedürfnis zu wecken, als Erwachsene in dieser Welt zu leben, das heißt als Subjekte nicht als Objekte.

In-der-Welt-Sein

Die Behauptung, Erziehung habe etwas damit zu tun, den Wunsch nach dem In-der-Welt-Sein zu wecken, legt nahe, dass dieser nicht naturgegeben ist. Obwohl viele Kinder und Jugendliche ein gewisses Maß an Begeisterung für die Welt und ihre Möglichkeiten zeigen, ist es oft gar nicht so einfach, in und mit der Welt zu sein, sei es die physische oder die soziale Welt. Selbst wer voller Tatendrang und Ideen in die Welt hinausgeht, wird an einem gewissen Punkt womöglich auf Widerstand stoßen. Unsere Ziele lassen sich nicht immer sofort umsetzen und erweisen sich manchmal auch als völlig unerreichbar. Diese Begegnung mit dem »Realitätsprinzip«, wie Freud es nannte, kann eine frustrierende Erfahrung sein. Ein möglicher Umgang mit dieser Frustration besteht darin, noch größere Anstrengungen zu unternehmen, um uns gegen die Hindernisse oder Personen zu stellen, die unseren Vorhaben im Wege stehen. Manchmal muss man tatsächlich genau das tun. Allerdings riskieren wir, wenn wir uns zu sehr bemühen, dass wir genau die Welt zerstören, in der wir unseren Plan – und auch uns selbst – verwirklichen wollen. Das Risiko des Weltuntergangs ist jedoch nur das eine Ende des Spektrums, am anderen Ende kann Frustration auch das genaue Gegenteil bewirken: Wir geben auf und ziehen uns aus der Welt zurück – das wäre dann die Selbstzerstörung. Der Versuch, Teil der Welt zu sein, in der Welt zuhause zu sein,[5] macht es daher erforderlich, dass wir dem schwierigen Mittelweg zwischen einer Vernichtung der Welt und einer Zerstörung des Selbst folgen. Das bedeutet, mit allen und allem, was anders ist, in Dialog zu bleiben. Und das ist, anders als das Lernen, wirklich eine lebenslange Herausforderung.

Erwachsensein

Dem Mittelweg zu folgen, auf dem man nicht einfach seinen Wünschen nachgeht, sondern stets hinterfragt, welche Wünsche wünschenswert sind, welche dabei helfen, mit den und dem Anderen in Dialog zu bleiben, ist eine Art des In-der-Welt-Seins, die wir als »erwachsen« bezeichnen könnten. Dieser Begriff ist nicht optimal, denn er suggeriert, dass diejenigen, die schon eine Weile da sind – auch »Erwachsene« genannt –, ihre Wünsche perspektivisch sehen können, während diejenigen, die gerade erst angekommen sind – auch »Kinder« genannt –, noch viel lernen müssen, bevor sie dazu in der Lage sind. Wie wir wissen, ist das falsch, denn wir kennen viele »Erwachsene«, die nur ihren eigenen Wünschen nachgehen. Und wenn wir genau hinschauen, stellen wir fest, dass viele »Kinder« ziemlich gut darin sind, »im Dialog« zu existieren. Erwachsensein sollte daher nicht als Ergebnis eines Entwicklungsweges verstanden werden oder als etwas, auf das wir Anspruch erheben können, sondern als Lebensart, als Versuch, so zu leben und so in der Welt zu sein, dass wir uns und unsere Wünsche nicht einfach zum Mittelpunkt derselben machen.[6] Es ist diese im wahrsten

Sinne des Wortes »ex-zentrische« Lebensart, die uns die Pädagogik nahebringen sollte.

Pädagogische Arbeit:
unterbrechen, in der Schwebe halten, unterstützen
Es ist eine Sache zu erklären, was das Ziel der pädagogischen Arbeit sein, oder besser gesagt, worum sie sich sorgen sollte. Es ist aber etwas völlig anderes, dies tatsächlich umzusetzen. Die umfassende Antwort auf diese Frage muss an anderer Stelle verhandelt werden.[7] Ich möchte aber darauf hinweisen, dass diese Art, über Erziehung nachzudenken, drei wichtige »Eigenschaften« der pädagogischen Praxis hervorhebt. Die erste besteht darin, dass sie sich notwendigerweise als eine Unterbrechung des gewohnten Trotts versteht: Sie akzeptiert nicht einfach, was Schüler*innen (vermeintlich) wollen, sondern wirft die Frage nach dem Gewünschten und dem Wünschenswerten auf. An dieser Frage zu arbeiten, erfordert Zeit und geeignete Formen der Auseinandersetzung mit unseren Wünschen. Deshalb muss pädagogische Arbeit Orte schaffen, an denen Dinge in der Schwebe sind, um den Schüler*innen Zeit zu geben herauszufinden, was es bedeuten könnte, auf erwachsene Art und Weise in und mit der Welt zu sein. Diese Arbeit muss dem schwierigen Mittelweg zwischen (der Gefahr) der Vernichtung der Welt und (der Gefahr) der Zerstörung des Selbst folgen. Das heißt als Lehrer*innen sollten wir uns bemühen, unseren Schüler*innen in diesem Schwebezustand die nötige Unterstützung zu geben, sie zu fördern und zu stärken.

Was ist mit der Schule? Und was ist mit der Demokratie?
Wenn uns nur das Lernen wichtig ist, brauchen wir die Schule möglicherweise nicht, doch dieser Text führt einige Überlegungen und Gründe dafür an, dass die Schulen von morgen Schulen sein

sollten, also Orte, wo wir der neuen Generation Zeit geben, sich mit ihren Wünschen auseinanderzusetzen und sich dafür begeistern zu lassen, auf erwachsene Art und Weise einem schwierigen Mittelweg zu folgen. Wir brauchen die Schule als einen Ort, an dem man sich darin üben kann, auf erwachsene Weise in der Welt zu leben; als einen Ort, an dem wir uns ausprobieren, scheitern und es erneut versuchen können, um, wie Samuel Beckett sagte, besser zu scheitern. In einer impulsgesteuerten Gesellschaft, die uns ständig einflüstert, nicht erwachsen zu werden, immer mehr Wünschen nachzugehen und nicht zu versuchen, auf erwachsene Art und Weise in der Welt zu leben, brauchen wir einen »Ort namens Schule«[8]. Ist so eine Schule eine Schule der Demokratie? Ich denke ja. Aber nur, wenn wir Demokratie nicht als etwas Quantitatives begreifen, in dem Menschen ihren Vorlieben Ausdruck verleihen und die Mehrheit gewinnt – etwas, das der amerikanische Präsident John Adams (1735–1826) zu Recht als »Tyrannei der Mehrheit« bezeichnete –, sondern als etwas Qualitatives, als den Prozess, durch den wir als Gesellschaft zu ermitteln versuchen, welche individuellen oder kollektiven Wünsche von der gesamten Gesellschaft »getragen« werden können.[9]

Aus dem Englischen von Gülçin Erentok

---

1   Philippe Meirieu, *Pédagogie: Le devoir de résister*, ESF Éditeur, Issy-les-Moulineaux 2008.
2   Das Versprechen einer Lernmaschine ist nicht neu. Es spielt eine wichtige Rolle in der Arbeit des behaviouristischen Psychologen B. F. Skinner. Vgl. https://en.wikipedia.org/wiki/Teaching_machine http://lexikon.stangl.eu/182/behaviorismus/.
3   Paul Roberts, *The Impulse Society. What's Wrong with Getting What We Want?*, Bloomsbury, London 2014.

4 Gert Biesta, *The Rediscovery of Teaching*, Routledge, New York, London 2017.
5 Vgl. Gert Biesta, »Reconciling ourselves to reality. Arendt, education, and the challenge of being at home in the world«, *Journal of Educational Administration and History* 48/2 (2016), S.183-192.
6 In *The Rediscovery of Teaching* habe ich dies als unökologische Lebensweise bezeichnet.
7 Siehe z. B. ebd.
8 John I. Goodlad, *A Place Called School: Prospects for the Future*, McGraw-Hill, New York 1983.
9 Siehe z. B. Gert Biesta, »You can't always get what you want: An an-archic view on education, democracy and civic learning«, in: I. Braendholt Lundegaard, J. Thorek Jensen (Hg.), *Museums: Knowledge, Democracy, Transformation*, Danish Agency for Culture, Kopenhagen 2014, S. 110-119.

Luis Armando Gandin

VOM SÜDEN LERNEN: DIE ESCOLA DA CIDADANIA

Wenn wir uns Schulen von morgen vorstellen, die für Gleichheit, Respekt vor Differenz, Inklusion und Teilhabe sorgen können, müssen wir aus konkreten Erfahrungen lernen. Eine solche Erfahrung, die auf der Gewissheit beruht, dass »eine andere Bildung möglich ist«, wird hier vorgestellt: die grundlegenden Veränderungen im öffentlichen Bildungssystem der brasilianischen Stadt Porto Alegre, das sogenannte *Bürger*innenschulen*-Projekt – Escola da Cidadania. Zu diesen Veränderungen kam es, nachdem eine Koalition progressiver Parteien unter Führung der Arbeiterpartei 1988 die Wahlen gewonnen hatte und 1989 erstmals eine Administração Popular (»Volksverwaltung«) in Form eines Bürger*innenhaltes einführte. Von da an sollte das in 16 Jahren entwickelte Projekt die Bildungslandschaft für die ärmere Bevölkerung in Porto Alegre grundlegend transformieren. Anhand von vier zentralen Argumenten lässt sich zeigen, warum es Sinn macht, dem Projekt der *Bürger*innenschule* und seinen Prinzipien Aufmerksamkeit zu schenken, insbesondere in Zeiten, in denen die öffentliche Bildung und die Arbeit von Lehrkräften weltweit unter großem Druck stehen.

Wodurch wurde Porto Alegre zum Vorbild für eine progressive Bildungsreform?

1. Im Gegensatz zu den meisten anderen Reformen sah das partizipative Modell von Porto Alegre nicht nur eine Beteiligung an der Umsetzung, sondern auch an der Gestaltung der Politik und ihrer Ziele vor.
Um die Prinzipien auszuarbeiten, die den Maßnahmen des kommunalen Bildungssystems von Porto Alegre zugrunde liegen sollten, wurde ein demokratisches, beratendes und partizipatives Forum geschaffen, die sogenannte konstituierende Schulversammlung. Sie nutzte die Erfahrungen aus dem Beteiligungshaushalt, einem erstmals in Porto Alegre eingeführten Verfahren, bei dem alle

Menschen, die potenziell von einer Haushaltsentscheidung betroffen sind, in die Entscheidungsprozesse einbezogen werden. Die von der Versammlung erarbeiteten Grundsätze sollten die Politik für alle kommunalen Schulen in Porto Alegre bestimmen.

Die Organisation der konstituierenden Schulversammlung erstreckte sich über 18 Monate und durchlief vier Phasen: 1. die Bildung thematischer Gruppen an den Schulen; 2. regionale Treffen; 3. eine zentrale Sitzung der Schulversammlung; und 4. die Ausarbeitung der internen Schulordnungen. Übergreifende Diskussionsthemen waren: Leitung der Schulen, Lehrplan, Prinzipien des Zusammenlebens, Evaluation.

Die erste Phase fand auf lokaler Ebene mit Teilnehmenden aus allen Bereichen der Schule statt und wurde von der neu geschaffenen Schulversammlung koordiniert. In der zweiten Phase kamen die Schulen aus den verschiedenen Stadtbezirken zusammen, um Vorschläge zu formulieren. In der dritten Phase der konstituierenden Zusammenkunft legten die Bezirke ihre Vorschläge vor, aus denen 700 Delegierte (Angehörige der kommunalen Schulbehörde Secretaria Municipal de Educação – SMED – waren nicht stimmberechtigt) 98 Grundsätze erarbeiteten. Nach diesen Grundsätzen sollte die Schulbildung in Porto Alegre praktisch umgesetzt werden. Die vierte Phase bestand in der Ausarbeitung (oder Überarbeitung) der internen Schulordnungen in einem hochgradig partizipativen Verfahren nach den in der konstituierenden Versammlung ausgearbeiteten Prinzipien.

Die *Bürger*innenschule* beseitigte die Trennung zwischen der Formulierung von Zielen und der Etablierung von Mechanismen, die zur Umsetzung dieser Ziele erforderlich sind. Stattdessen sollte die Entwicklung praktischer Vorgaben selbst einen innovativen Mechanismus darstellen, der Veränderungen in den Beziehungen zwischen den Schulen und dem jeweiligen Bezirk ermöglichen würde. Die normativen Ziele, die der Praxis an den Schulen zugrunde liegen sollten, wurden in einem gemeinsamen, partizipatorisch geprägten Prozess erarbeitet.

2. In Porto Alegre wurden Vorstellungen und Sichtweisen armer Schüler*innen aus den Favelas und den entsprechenden Vierteln konkret aufgegriffen. Der Administração Popular war dabei klar, dass der physische Zustand der Gebäude sowie die Arbeitsbedingungen und die berufliche Entwicklung des Lehrpersonals bei den notwendigen Veränderungen eine essenzielle Rolle spielten.

Im Gegensatz zu den meist aus Sperrholz-, Papp- oder Zinkblechwänden bestehenden Behausungen in den *Vilas* (oder *Favelas*) zeichnen sich die Schulgebäude durch eine solide Konstruktion aus. Hier können sich die Menschen des Viertels treffen und an sportlichen oder kulturellen Aktivitäten teilnehmen. Während Schulen in anderen Schulsystemen (in Brasilien gibt es sowohl staatliche als auch kommunale Grundschulen) meist wenig mit dem Bezirk zu tun haben, in dem sie sich befinden, fand die Bildungsbehörde in Porto Alegre immer wieder neue Wege, um die Beziehung zwischen Schule und Bezirk auszubauen und weitere Austauschmöglichkeiten zu schaffen. Auf diese Weise waren die Schulen nicht nur für die Schüler*innen da, sondern auch für die Bürger*innen der einzelnen Viertel.

Die Demokratisierung des Zugangs für das gesamte Viertel führte zur »Schule als Kulturzentrum«, wo Performances, Treffen, sportliche und andere Aktivitäten stattfinden können, denen es sonst an den erforderlichen Räumlichkeiten fehlen würde.

Auch die »Fürsorglichkeit«, mit der die Schulen in den Bezirken behandelt wurden und werden, ist offensichtlich. Im Gegensatz zu den staatlichen Schulen, in denen es ständig zu Beschädigungen, Diebstahl und Vandalismus kommt, sind diese Formen des Übergriffs an den kommunalen Schulen selten. Die meisten Schulen haben diesbezüglich keine nennenswerten Probleme, und auch die älteren Gebäude sind in sehr gutem Zustand. Das ist jedoch keine Selbstverständlichkeit. Landesweit und auch an den staatlichen Schulen in Porto Alegre beschweren sich Kollegium, Schülerschaft und Eltern über die materiellen Bedingungen.

Auch die Schüler*innen haben offen zum Ausdruck gebracht, dass sie sich der Andersartigkeit ihrer Schule bewusst sind. Sie finden gute materielle Bedingungen vor, haben sehr engagierte Lehrkräfte und das größte Angebot an außerschulischen Aktivitäten.

3. Das Projekt von Porto Alegre beruhte zum einen auf der Mobilisierung der Zivilgesellschaft und zum anderen auf Veränderungen seitens der Behörden, um auf die Bedürfnisse der Menschen einzugehen. Auf diese Weise sorgt die öffentliche Verwaltung im Rahmen eines Prozesses, der durch die Entwicklung der von ihr umgesetzten Politik sowie durch lokale Organisationen und Bewegungen angestoßen wurde, für ihre eigene »Weiterbildung«.

Die Schulversammlung war ein wesentlicher Faktor der Demokratisierung des Entscheidungsprozesses und der Verwaltung im Bildungsbereich von Porto Alegre. Als Resultat des politischen Willens der Administração Popular und der Forderungen sozialer, an Bildungsfragen beteiligter Bewegungen in der Stadt gehören die Schulversammlungen, die durch ein 1993 in Kraft getretenes kommunales Gesetz geschaffen wurden, zu den wichtigsten Gremien an den Schulen. Diese Organe, die bis heute bestehen, haben eine Beratungs-, Entscheidungs- und Kontrollfunktion. Die eine Hälfte der gewählten Mitglieder der Schulversammlung besteht aus Lehr- und Schulpersonal, die andere Hälfte aus Eltern und Schüler*innen. Ein Platz ist der Schulverwaltung vorbehalten und wird meist von der Schulleitung eingenommen, die von allen Mitgliedern der Schulgemeinschaft gewählt wird. Für Eltern und

Schüler*innen gelten bei der Wahl folgende Regeln: Schüler*innen ab zwölf Jahren und Eltern oder Erziehungsberechtigte von Schüler*innen unter 16 Jahren können wählen und gewählt werden. Dieser inklusive Ansatz ist sehr ungewöhnlich, ebenso wie die ausdrückliche Entscheidung, junge Menschen nicht als unmündige Kinder zu behandeln.

Wie bereits erwähnt, ist es Aufgabe der Schulversammlung, zu den übergreifenden Projekten für die Schule und den Grundprinzipien der Verwaltung zu beraten, wirtschaftliche Ressourcen bereitzustellen und die Umsetzung der Beschlüsse zu überwachen. Die Schulleitung ist verantwortlich für die Umsetzung der von der Schulversammlung festgelegten Richtlinien.

Was die Ressourcen angeht, so hat die *Bürger*innenschule* die finanzielle Autonomie der Schulen institutionalisiert und es ihnen ermöglicht, ihre Ausgaben nach den von der Schulversammlung festgelegten Zielen und Prioritäten selbst zu verwalten. Neben der finanziellen Autonomie sorgte diese Maßnahme auch dafür, dass Eltern, Schüler*innen, Lehrer*innen und Schulangestellte soziale Verantwortung für die Verwaltung öffentlicher Gelder übernommen haben. So haben sie gelernt, die Investitionen nach solidarischen Prinzipien zu tätigen.

Abgesehen von den finanziellen Aufgaben obliegt es der Schulversammlung, eine echte Teilhabe der Schulgemeinschaft an den Entscheidungen zu gewährleisten und auch einen Lehrplan vorzuschlagen. Darüber hinaus hat die Schulversammlung auch die Befugnis, (über die Schulleitung) die Umsetzung der Entscheidungen zu kontrollieren.[1] Damit ist die Schulversammlung der wichtigste Steuerungsmechanismus innerhalb der Schulen. Sie wird in ihrer Arbeit nur durch die Gesetzgebung und die in demokratischen Foren kollektiv erarbeiteten Bildungsmaßnahmen eingeschränkt. Die Einbindung von Eltern, Schüler*innen, Mitarbeiter*innen und

Lehrer*innen in die Erstellung des Lehrplans ist eine bedeutende Innovation dieses Modells.

Diese neue Struktur verdeutlicht einen entscheidenden Aspekt der eingeleiteten Reformen und zeigt den Standpunkt der lokalen Behörden: Wenn Bildung nicht das gewünschte Niveau erreicht, muss vor allem die Art und Weise geändert werden, wie der öffentliche Sektor über Bildungspolitik denkt und diese umsetzt. Im Grunde müssen die Behörden *von* den organisierten sozialen Bewegungen und *von* Eltern und Schüler*innen in den Schulen *lernen*.

4. Im Mittelpunkt der Reform in Porto Alegre standen vor allem die Inklusion und der schulische Erfolg der Schüler*innen. Im Gegensatz zu vielen anderen Reformen hat man hier jedoch sehr gut verstanden, dass diese Ziele ohne eine radikale Diskussion und Veränderung dessen, was als Wissen gilt, wessen Wissen Teil des formellen und informellen Schulalltags ist und wie man ein neues Verhältnis zwischen allgemeinem und akademischem Wissen schafft, nicht erreicht werden können.

Die Umgestaltung des Lehrplans war ein wichtiger Teil von Porto Alegres Projekt zum Aufbau einer »starken Demokratie«. Es ging dabei nicht nur um den Zugang zu traditionellem Wissen, sondern um eine grundsätzlich neue Vorstellung davon, was als Wissen gilt. Diese Auffassung basierte nicht auf der bloßen Einbeziehung neuen Wissens am Rande eines intakten »Kerns menschlicher Weisheit«, sondern auf einer radikalen Transformation. Das Projekt der *Bürger*innenschule* ging über die bloße episodische Erwähnung lokaler kultureller Manifestationen oder sexueller, geschlechts-, rassen- oder klassenspezifischer Unterdrückung hinaus. Diese Themen wurden als wesentlicher Bestandteil der Wissensbildung aufgefasst.

Die *Bürgerschule* hat die Unterscheidung zwischen einem »Kern« und einer »Peripherie« des Wissens problematisiert. Den Ausgangspunkt für den Aufbau von curricularem Wissen bildete(n) die

Kultur(en) der Communitys selbst, nicht nur in inhaltlicher Hinsicht, sondern auch, was den jeweiligen Blickwinkel betrifft. Der gesamte Bildungsprozess zielte darauf ab, frühere Prioritäten umzukehren und stattdessen den Fokus auf historisch unterdrückte und ausgegrenzte Gruppen zu richten. Der neue Prozess der Wissensbildung beruhte auf der Idee thematischer Komplexe. Diese Organisation des Curriculums ermöglicht es, dass die gesamte Schule an einem zentralen Thema arbeitet, nach dem wiederum die Schulfächer und Wissensgebiete interdisziplinär ihre inhaltlichen Schwerpunkte strukturieren.

Die Schulen waren angehalten, sich bei der Ausarbeitung des zentralen Themenkomplexes und der Umsetzung in einen Lehrplan an bestimmten Punkten zu orientieren. Diese beinhalteten die Anerkennung des jeweiligen Umfelds der Schule durch partizipative Recherchen, um so die relevanten Themen zusammenzutragen. Nachdem die Lehrkräfte bei diesen Recherchen die Ansichten und Probleme der Bewohner*innen gesammelt hatten, filterten sie anhand verschiedener Kriterien die wichtigsten Themen heraus.

Die kommunale Schulverwaltung legte großen Wert darauf, dass einzelne Wissensbereiche im Lehrplan nicht einfach ignoriert oder zusammengestrichen wurden. Stattdessen waren alle Felder einer übergreifenden Idee unterzuordnen, die die zentralen Belange und/oder Interessen des jeweiligen Viertels repräsentieren sollten. Diese Diskussionen lieferten der Schule einen zentralen Schwerpunkt, der den Lehrplan für einen Zeitraum von einem halben oder auch einem ganzen Schuljahr vorgab.

Sobald die Prinzipien und der jeweilige Beitrag der einzelnen Wissensgebiete zur Diskussion des Themenkomplexes festgelegt waren, wurde eine Matrix zur Integration von Konzepten aus den einzelnen Wissensgebieten erstellt. Anhand dieser konzeptionellen Matrix arbeiteten die Lehrkräfte in gemeinsamen Sitzungen das

Curriculum aus. Sie waren also gehalten, ihre eigenen Fachgebiete zu »studieren« und die Konzepte auszuwählen, die bei der Diskussion des Themenkomplexes hilfreich sein würden. Außerdem waren sie gemeinsam mit den Lehrkräften anderer Fächer für einen Lehrplan verantwortlich, der integrativ und kompakt genug war, unterschiedliche Themen innerhalb des übergeordneten Komplexes gleichberechtigt zu behandeln.

Eine solche Konzeptualisierung sorgt für »die Wahrnehmung und das Verständnis der Realität und offenbart die Weltsicht aller am Prozess Beteiligten«.[2] Anstatt von einem starren Beitrag der einzelnen Fächer zum Wissensaufbau auszugehen, befassten die Lehrkräfte sich jetzt damit, was das Wissen ihrer Disziplin zu bieten hatte, um das ausgewählte zentrale Thema umfänglicher zu behandeln. Da dieses eng mit sozialen Problemen verbunden war, mussten die Lehrkräfte sich mit dem Verhältnis ihres Fachs zur sozialen Realität generell auseinandersetzen. Und da der Themenkomplex auf populärem Wissen oder gesundem Menschenverstand beruhte, mussten sie schließlich auch über die Beziehung zwischen offiziellem und populärem Wissen nachdenken. Mit diesem Ansatz wurden daher gleich drei Probleme der traditionellen Bildung in Porto Alegre und anderswo angegangen: die Fragmentierung des Wissens, die scheinbare Neutralität der Bildungsinhalte und der absolute Vorrang, der dem »akademischen Wissen« an traditionellen Schulen gegenüber dem Wissen der Bevölkerung eingeräumt wird, insbesondere, wenn dieses aus sehr armen Bezirken stammt.

Die Verschiebung des Wissenskerns beeinflusste nicht nur das pädagogische Konzept, das den Schulalltag prägte, sondern wirkte sich auch auf die Funktionsweise der Schule insgesamt aus. Dieses Wissenskonzept fand zur Zeit der Administração Popular im gesamten Schulsystem Anwendung. Das Projekt diente den »Ausgegrenzten« nicht nur, indem es eine andere formale Bildung für

Schüler*innen schuf, sondern auch durch die innovative Struktur, die es den historisch von der Gesellschaft Ausgegrenzten ermöglichte, ihre materielle und symbolische Würde zurückzugewinnen.

Coda

Seit die Arbeiterpartei die Wahl (nach vier Amtsperioden) im Jahr 2005 verloren hat, verliert das *Bürgerschulen*-Projekt als stadtweite Politik an Boden. Die derzeitige Kommunalverwaltung hat Änderungen umgesetzt, die es schwierig machen, die in diesem Text beschriebenen Grundsätze einzuhalten, insbesondere aufgrund der schrittweisen Abschaffung von Räumen für kollektive Planung und der geringeren Zahl an Lehrkräften. Darüberhinaus ist in der aktuellen nationalen Situation – mit der Wahl einer rechtsextremen Regierung – das Prinzip bedroht, Unterschiede zu achten und einen gerechten Lehrplan zu erstellen. Trotz der deutlichen Veränderungen in der Politik, richten sich aber nach wie vor viele kommunale Schulen in Porto Alegre nach den Prinzipien der *Bürger*innenschule*, und deren Grundsätze sind es wert, studiert und auf andere Realitäten weltweit übertragen zu werden. Sie stellen eine Agenda der Inklusion, Teilhabe und curricularer Gerechtigkeit vor, die uns Hoffnung für die Schulen von morgen macht.

Aus dem Englischen von Anja Schulte

---

1 Secretaria Municipal de Educação, *Projeto Gestão Democrática – Lei Complementar no. 292*, 1993, S. 3 (unveröffentlichter Text).
2 Vgl. Silvio Rocha, »Ciclos de formação – Proposta político-pedagógica da Escola Cidadã«, *Cadernos Pedagógicos* 9 (1996), S. 21.

TESTLAUF FÜR DIE SCHULE VON MORGEN

Fotografien von
Laura Fiorio (MVphotography)
außer S. 90/91: David Gauffin

© David Gauffin

Katie Salen Tekinbaş

SPIEL- UND LERNDESIGN: QUEST TO LEARN

Als Quest to Learn (Q2L) im Herbst 2009 in New York ihre Tore öffnete, war sie die erste Schule ihrer Art – eine weiterführende öffentliche Einrichtung, gestaltet nach den wichtigsten Prinzipien von Spieldesign und Spiel. Wenn ich gefragt werde, wie sich das Lernen in dieser Schule gestaltet, erzähle ich die Geschichte von einem Q2L-Schüler, der ein Objekt mit dem 3D-Printer der Schule ausdruckt. Von all den Möglichkeiten, die er hätte auswählen können, entscheidet er sich für einen Companion Cube aus dem Videospiel *Portal*, also ein würfelförmiges Tool, das dem Spieler zur Verfügung steht. So oder ähnlich hätte sich John Dewey Lernen wohl vorgestellt, hätte er im 21. Jahrhundert gelebt: situationsbezogen, interessengesteuert, praxisorientiert und digital unterstützt.

Was musste dieser Junge lernen, um den Würfel herzustellen? Um ihn zu modellieren, musste er lernen, mit einer 3D-Software umzugehen und mathematische Prinzipien auf Volumen und Maßstab anzuwenden. Für die Bedienung des 3D-Druckers waren Kenntnisse über Mikroelektronik und kleine Regelkreise notwendig. Um zu verstehen, wie der Kubus gerendert wird, und das Ergebnis anhand seines Entwurfs zu bewerten, musste er auf wissenschaftliche Prinzipien zurückgreifen. Einige dieser Fähigkeiten erlernte er im normalen Schulalltag, andere nach der Schule oder zu Hause.

Erfinder von Quest to Learn ist das gemeinnützige Institute of Play. Neben der allgemeinen pädagogischen Ausrichtung der Schule entwickelte das Institut auch die entsprechende organisatorische Infrastruktur zur Umsetzung der oben beschriebenen Lernmethode. In den ersten sechs Jahren begleitete das Institut die Schule mit einem Design- und Lehrplan-Studio, dem so genannten Mission Lab, das mit Spieledesigner*innen, Lehrplangestalter*innen und Lernspezialist*innen besetzt war. Gemeinsam mit den Lehrenden und Lernenden entwarfen sie Spiele und ein spielähnliches Curriculum, erstellten zum Lernmodell der Schule passende Unterrichtsmaterialien und organisierten Fortbildungen für die Lehrkräfte.

In den USA war Mission Lab unter den öffentlichen Schulen in mehrfacher Hinsicht einzigartig. Erstens versammelte es eine ganze Reihe von Expert*innen – darunter professionelle Spieledesigner*innen –, um Lernerfahrungen zu konzipieren, die im Lehrplan der Schule zum Einsatz kamen. Zweitens unterstützte es die Lehrkräfte dabei, in die Rolle von Designer*innen zu schlüpfen, anstatt Lernenden lediglich als Expert*innen für Lerninhalte Informationen zu liefern. Und drittens förderte es die Entwicklung aller möglichen Spiele und spielbasierten Lernaktivitäten, die auf die staatlich vorgegebenen Lernstandards abgestimmt waren. Es stellte einen Ort dar, an dem Lernende, Lehrende, Designer*innen und Bildungsexpert*innen zusammenkamen, um Lernmethoden und -strategien zu entwickeln, die effektiv und fesselnd zugleich waren.

Wie sahen diese Lernerfahrungen in der Praxis aus? Eine Unterrichtsstunde über die amerikanische Revolution begann beispielsweise damit, dass die Schüler*innen von einer Gruppe von Geistern kontaktiert wurden, die im Keller des Naturkundemuseums in einen Streit geraten waren, der die komplette Sammlung des Museums gefährdete. Obgleich alle Geister die gleichen Ereignisse miterlebt hatten – als Loyalist*innen, Patriot*innen, Landbesitzer*innen, Kaufleute oder Sklav*innen –, konnten sie sich nicht einigen, was damals *wirklich* passiert war. Die Schüler*innen sollten herausfinden, wie es sein konnte, dass eine Gruppe von Individuen dasselbe Ereignis erlebt, aber vollkommen unterschiedliche Schlüsse daraus zieht. Die alles entscheidende Frage lautete: Wie kann man wissen, was und wem man glauben soll, wenn alle unterschiedliche Geschichten erzählen?

Im Laufe des Unterrichtsblocks – in dem Geschichte, Sozialkunde und Schreibpraxis miteinander verknüpft wurden und eine ganze Reihe erforderlicher Lernstandards zu erreichen waren – vertieften die Schüler*innen sich in Primärquellen, um Beweise zu finden, die die verschiedenen Versionen der besagten Ereignisse belegen konnten. Im Anschluss schrieben sie die Erinnerungen aus der Sicht ihrer jeweiligen Lieblingsgeister auf und verfassten überzeugende Aufsätze, die nicht nur durch schlüssiges Erzählen und historische Fakten auffielen, sondern auch durch große Empathie. So gelang es ihnen, miteinander konkurrierende Sichtweisen nebeneinander bestehen zu lassen.

Das Institute of Play bezeichnet diesen Lehr- und Lernansatz als spielerisches Lernen. Lernen wird so gestaltet, dass es situationsbezogen, interessengesteuert, praxisorientiert, anspruchsvoll und dennoch von der Spielidee durchdrungen ist. Damit ist es dem Mission Lab gelungen, gemeinsam mit Schulpädagog*innen Lernerfahrungen zu gestalten, die Q2L-Schüler*innen Möglichkeitsräume eröffnen, in denen sie basteln, forschen, Hypothesen aufstellen und Sachen ausprobieren können. Die Lernerfahrungen waren dabei so konzipiert, dass sie fordernd und fesselnd zugleich sind.

2016, sieben Jahre nach Eröffnung der Schule, gab es die erste Abschlussklasse. In dieser Zeit war die Schule größer geworden und hatte sich auch sonst stark verändert. Geblieben ist ihr Engagement für aufeinander bezogenes und spielerisches Lernen. Nichtsdestotrotz war der Aufbau einer solchen öffentlichen Schule eine unglaubliche Herausforderung. Ich kenne wenige Projekte, die so anspruchsvoll sind wie Konzeption und Aufbau einer Schule. Die Vorschriften und Regeln für öffentliche Schulen in den USA sind sehr restriktiv. Staatliche Lernstandards schränken erheblich ein, was gelehrt werden darf, und standardisierte Tests reglementieren, wie es gelehrt wird. Zunehmende Klassengrößen beeinträchtigen die Aufnahmefähigkeit der Schüler*innen, finanzielle Kürzungen beschneiden ihre Ressourcen. Die materielle und technische Infrastruktur ist überholt und unflexibel. Zeitliche Vorgaben zur Anwesenheitspflicht verhärten die Grenzen zwischen schulischen und außerschulischen Lernorten. Die gegenwärtige Lage an den öffentlichen Schulen unterliegt zu vielen Einschränkungen, um sie zu einem Ort für Innovation zu machen.

Angesichts des unkonventionellen pädagogischen Modells sowie ihres Status als öffentliche Schule ist es nicht verwunderlich, dass Quest to Learn im Portfolio der öffentlich geförderten Schulen in New York ein wenig deplatziert erschien. Die anhand von Lernmodellen des 21. Jahrhunderts gestaltete Schule arbeitet innerhalb eines Bildungssystems, das sich immer noch eher an Methoden aus dem 20. Jahrhundert orientiert. Q2L hat als öffentliche Schule in unterschiedlichem Umfang Praktiken in ihr Curriculum integriert, wie sie häufiger bei Privatschulen zu finden sind – ein tägliches Zeitkontingent für die professionelle Fortbildung, ein Fokus auf praktisches, projektbasiertes Lernen und ein integriertes Design-Labor, in dem Spieledesigner*innen und Lernexpert*innen zusammenarbeiten. Die Schule fördert Kooperation und unterstützt die gemeinschaftliche Entwicklung von Lehrplänen und Lernaktivitäten; dabei hinterfragt sie etablierte Normen, beispielsweise was individuelle Autorenschaft und die Autorität der Lehrkräfte anbetrifft. Zudem artikuliert sie Gestaltung als ein Instrument, das Lehrende und Lernende dazu befähigt, Entscheidungen zu treffen und die Strukturen, die ihr Leben beeinflussen, zu verändern.

Im Zusammenhang mit der Frage, wie die Schulen von morgen das Lehren und Lernen verändern können, darf man nicht vergessen, dass Quest to Learn nur entstehen konnte, weil in New York jede*r das Recht hat, eine neue Schule zu gründen. Dies war ein mühsamer, undurchsichtiger und mit bürokratischen Hürden gespickter Prozess, für den es letztendlich aber nur einer Idee, einiger Ressourcen und einer großen Portion Durchhaltevermögens bedurfte. Das Institute of Play hatte eine Vision, für die es im New York City Department of Education einen Verbündeten fand. Sieben Jahre später ist die Existenz dieser Schule ein Beleg für die harte Arbeit vieler Beteiligter, vor allem der Lehrkräfte.

Aus dem Englischen von Gaby Gehlen

Daniel Seitz im Gespräch mit Silvia Fehrmann

LERNEN IN DER
POSTDIGITALEN WELT

Silvia Fehrmann: Mit Ihrem Projekt »Jugend hackt« leisten Sie eine großartige Arbeit, junge Menschen darin zu bestärken, ihre eigenen Handlungsspielräume zu entwickeln. Wir hören allerdings sehr oft von Eltern wie Lehrkräften, dass längst eine weitreichende Demokratisierung an Schulen stattgefunden hat.

Daniel Seitz: Das wäre schön, aber ich erlebe es so nicht. Eine echte Beteiligungskultur gibt es an vielen Schulen nach wie vor nicht. Noch immer wird in äußerst engen Strukturen gearbeitet, die offensichtlich nicht funktionieren: Der Unterricht ist eng getaktet, und es gibt einen Fächerkanon, der fürs spätere Leben kaum Relevanz hat. Natürlich finden mittlerweile auch Projektlernen und andere alternative Formate statt – aber in modellhafter Weise und nicht in der Fläche. In Deutschland gibt es etwa elf Millionen Schüler*innen, und davon kommen wenige Hunderttausend in den Genuss eines wirklich moderneren Unterrichts. Die anderen müssen sich eine Schulform gefallen lassen, die vor 50 oder 100 Jahren entstanden ist. Besonders frappierend ist aber, dass es in dieser Schulform keine Auseinandersetzung mit den technisch-medialen Bedingungen von Demokratie gibt. Ein aktuelles Beispiel ist die Diskussion um die Reform des Urheberrechts im Europäischen Parlament: Tausende von Jugendlichen gehen auf die Straße, weil sie fürchten, dass ihnen das Internet weggenommen wird. Sie verstehen wesentlich besser, wo Demokratie gefährdet ist. Mit dem neuen Gesetz soll mit Kanonen auf Spatzen geschossen werden, freie Meinungsäußerungen werden in Urheberrechtsverletzungen verwandelt. In den Schulen wird kaum über die digitale Verfasstheit unserer Welt nachgedacht, mediale Kompetenzen werden nicht gefördert. Diese digitale Unmündigkeit der Erwachsenen gefährdet letztendlich die gleichberechtigte Teilnahme der jungen Menschen am politischen Leben.

Silvia Fehrmann: Dabei gibt es weltweit verschiedenste spannende, experimentelle Schulansätze, die sich mit Fragen von Digitalisierung und Chancengerechtigkeit auseinandersetzen. Ein Beispiel: In New York gibt es die öffentliche Schule Quest To Learn, eine klassische Public School, mit Klassen von der 6. bis 12. Stufe, deren Lehrplan komplett spielbasiert ist. Was nicht heißt, dass Lernen nur in digitaler Umgebung stattfindet. Im Gegenteil: Die Schule versteht sich als Knotenpunkt für schulische und außerschulische Lernmomente, als Katalysator für die Zusammenarbeit zwischen Mentor*innen, Kunstinstitutionen und sozialen Akteuren. Digitale Tools kommen selbstverständlich zum Einsatz, aber die Lernprozesse sind auf gemeinsames Handeln ausgerichtet, wie es in Online-Spielen eben der Fall ist. Die Lernerfolge sind beträchtlich, weil sie Fertigkeiten der Jugendlichen aktiviert und nutzbringend mit dem Erlernen neuer Inhalte verbindet. Dagegen ist im deutschen Schulwesen die Lücke zwischen der Alltagspraxis von Kindern und Jugendlichen und dem, was an Schulen passiert, frappierend. Ein einfaches Beispiel: Jugendliche skypen abends mit dem Onkel oder der Oma, im Fremdsprachenunterricht wird Skype aber nicht einbezogen. GPS, Internet of Things, komplexe Lernspiele: Im Alltag von kaufkräftigen Familien kommt das alles vor, während wirtschaftlich benachteiligte Kinder mit Glück in der Stadtbibliothek online gehen können. Auf gar nicht so unähnliche Umbruchprozesse hat John Dewey damals mit seiner »progressive education« reagiert. Denn er hat bereits 1915 experimentelle Ansätze untersucht, die sich mit den technisch-medialen Veränderungen der Zeit auseinandersetzten: So beschrieb er den Einsatz von internationalen Brieffreundschaften, um den Spracherwerb und den Sinn für weltweite Interdependenzen zu fördern. Auch die Freinet-Schulen, in denen Arbeiterkinder lernten, Tageszeitungen von der Druckerpresse bis zur Textarbeit zu produzieren, waren Reaktionen auf den medialen Wandel. Wir stehen heute vor Umbrüchen, deren Reichweite wir nicht nachvollziehen können, die aber eine neue Praxis herausfordern. Allerdings fürchten Lehrkräfte angesichts der digitalen Entwicklungen oft um ihre eigene Relevanz.

Daniel Seitz: Ach ja, die alte Angst von Menschen, die mit Menschen arbeiten. Eigentlich ist es doch der Job von Pädagog*innen, sich überflüssig zu machen. Zumal es ja auch gar nicht nach einem solchen Schema passieren wird. Die alte Rolle des Lehrers, der Wissen in die Köpfe von Schüler*innen schaufelt, wird es zwar hoffentlich bald gar nicht mehr geben. Aber auch in neuen Strukturen brauchen die Kinder natürlich Lernbegleiter*innen. Sie wachsen heute alle mit dem Internet auf, haben ein hohes Nutzungswissen, aber für das Ordnungswissen, das dazu gehört – wie ordne ich Medien ein, welchen Informationen traue ich –, braucht es Lehrer*innen. Bei richtigem Umgang muss niemand Angst vor zu viel Internet haben. Dann geht der spielerische Ansatz nämlich auch auf. Der anarchische Charakter des Netzes bietet Kindern ja enorme Freiräume. Das ist eine wichtige Alternative zu den oft starren und formalen Strukturen des Schulalltags, auch um unser vernetztes Denken heute zu verstehen. Und die Kinder, die beispielsweise zu »Jugend hackt« kommen, versuchen ja auch tatsächlich, durchs Programmieren ein wenig die Welt zu verändern. Insgesamt würde ich das Digitale allerdings nicht so sehr in den Fokus stellen. Kinder leben heute in einer postdigitalen Welt, die verstehen gar nicht mehr, was Digitalisierung überhaupt bedeuten soll, die ist doch schon überall.

Silvia Fehrmann: Die Frage ist doch, wie gelingt es, einen kritischen und kreativen Umgang mit digitalen Entwicklungen und sozialen Medien zu fördern. Die Schulabsolvent*innen von morgen werden es mit dem Internet of Things zu tun haben, mit künstlicher Intelligenz zusammenarbeiten, in sogenannten *smart cities* leben. Da ist es notwendig zu durchschauen, wie Geräte, Daten,

Software, Netzwerke unser soziales Leben organisieren – dass man aber deren Programme und Protokolle auch umschreiben kann. Allerdings kommt mir als Literaturwissenschaftlerin schon die Frage, was digitale Umgebungen mit unserer Fähigkeit zum *deep reading* machen, mit der Kompetenz zum tiefgehenden Lesen, das kritisches Textverständnis erst ermöglicht. Im europäischen Verhältnis hängt in Deutschland die Lesekompetenz am stärksten von der sozialen Herkunft ab – das heißt, die Bildungssozialisation zementiert Klassenunterschiede. Welche Erfahrungen haben Sie in Ihrer medienpädagogischen Arbeit dazu gemacht, wie sich ein kritisches Urteilsvermögen in digitalen Kontexten aufbauen lässt?

Daniel Seitz: Informationen einzuordnen und kritische Distanz einzunehmen, das lässt sich nicht nur am Medium Text erlernen. Um Kritikfähigkeit zu vermitteln, ist aktive Medienarbeit das Mittel der Wahl: selbst Medien zu gestalten. Produzieren Kinder und Jugendliche selbst Nachrichtensendungen oder Zeitungen, müssen sie über den Nachrichtenwert entscheiden. Selbst *fake news* zu produzieren, ist auch eine sinnvolle Übung: Da wird die Erfahrung gemacht, wie Meinung gestaltbar, manipulierbar ist. Wer kapiert, dass sich Codes umschreiben lassen, dass die Gestaltung gestaltbar ist, wird mündig. Ebenso wichtig ist es zu durchschauen, mit welchem Blickwinkel welche Nachrichten auf die Tagesordnung kommen. Zu lernen, die Ausrichtung von Fernsehsendungen oder Youtube-Influencern einzuordnen, ist eine wichtige Aufgabe im Hinblick auf die mündige Meinungsbildung. Kritische Urteilsfähigkeit wird nicht automatisch durch den Umgang mit Texten eingeübt, sondern erfordert eine kritische Haltung der Lehrkräfte.

Silvia Fehrmann: John Dewey hat sich damals mit drei Umbruchsprozessen beschäftigt: Industrialisierung, Migration und Urbanisierung. Er untersuchte Schulprojekte, die sich damit auseinandersetzten, welche Erfahrungen und Kompetenzen Kinder im neuen

Stadtraum mit seinen großen Straßen und überfüllten Mietwohnungen brauchen. Damals entstand der Ansatz, dass forschendes Lernen im Stadtraum wesentlich ist für ein Verständnis für die Gesellschaft, in der man lebt. Moderne wurde da nicht abgelehnt, sondern man hat sich proaktiv mit der Stadt auseinandergesetzt. Ein Beispiel ist die Berliner Großstadtpädagogik der 1920er Jahre. In der Gegenwart werden ähnliche Ansätze etwa vom New Yorker Center for Urban Pedagogy verfolgt, das Stadteinwohner*innen zu aktivem Engagement befähigt. Viele der reformpädagogischen Ansätze sind auf die eine oder andere Art in Deutschland im Mainstream verankert. Heute besteht allerdings die Gefahr, dass experimentelle Innovationen in privaten Schulen erprobt werden, öffentliche Schulen dagegen immer mehr unter dem Druck der Erfolgskontrolle leiden. Die Auseinandersetzung mit Bildung verschwindet aus öffentlichen Diskussionen und wird durch eine Obsession mit Ergebnissen ersetzt.

Daniel Seitz: Das Thema Exklusivität ist in der Tat ein Problem bei alternativen Schulformaten. Schnell werden sie, gerade in sozial schwächeren Familien, in einer Hippie- oder Esoterik-Ecke verortet. Oder eine Bezahlschranke verhindert die Möglichkeit, an diesen alternativen Schulformen teilzuhaben. Dabei gehört die ganze Breite der Bildung in die Mitte der Gesellschaft.

Silvia Fehrmann: Es ist paradox. Der Alltag wird immer komplexer, wir sehen, wie Kinder immer stärker gefordert werden, gleichzeitig wird ihnen sehr wenig zugetraut.

Daniel Seitz: Ich glaube, heute als Jugendlicher aufzuwachsen, ist eine riesige Herausforderung. Viele Jugendliche empfinden ob der ganzen Krisen, die uns derzeit umgeben, Zukunfts-, Schul- und Versagensängste. Und das ist alarmierend. Von Jugendlichen wird verlangt, dass sie mit all den negativen medialen Bildern unserer Tage umgehen sollen. Gleichzeitig hält man ihnen aber vor, was sie alles nicht können, dass die schulischen Leistungen beispielsweise nicht ausreichen. Das alles ist ziemlich verwirrend. Und deshalb braucht es auch Formate, mit deren Hilfe Schüler*innen ein Gefühl dafür entwickeln können, wer sie sind – und nicht, wem sie entsprechen sollten. Deshalb ist die Erfahrung von Selbstwirksamkeit so wichtig.

Silvia Fehrmann: »Jugend hackt« arbeitet unter dem Motto »Mit Code die Welt verbessern«, das hätte John Dewey gefallen. Könnten Sie ein Beispiel dafür geben, wie Jugendliche durch Codieren ihre Selbstwirksamkeit erfahren?

Daniel Seitz: Da würde ich gerne das Projekt »germany says welcome« erwähnen, das 2015/2016 in Nordrhein-Westfalen im Rahmen von »Jugend hackt« gestartet ist, als junge Schüler*innen eine App programmiert haben, die Informationen für Geflüchtete bündelte und ihnen den Alltag erleichterte – vom Weg durch die Ämter bis zu einer Kontaktplattform. Die damalige Ministerpräsidentin Hannelore Kraft war so begeistert, dass sie es ermöglicht hat, dass die Jugendlichen mit professionellem Beistand die App weiter entwickelten, die dann in jeder Geflüchteten-Unterkunft in NRW zum Einsatz kam.

Silvia Fehrmann: Ein schönes Beispiel! Wenn wir uns wünschen, dass Schule zur Demokratie befähigt, dann kann es nicht mehr nur darum gehen, zukünftige Arbeitnehmer*innen auszubilden, die sich konformistisch und affirmativ verhalten. Dann muss man vor allem zur kritischen Nachfrage ermutigen und auch mal zur Störung der Ordnung. John Deweys wichtigste Erkenntnis: Demokratie wird nicht gepredigt, sondern gemeinsam hergestellt, und da braucht die Schule die Gesellschaft. Und vice versa.

Daniel Seitz: Eine zentrale Aufgabe für uns alle ist es heute, demokratiefördernde Orte herzustellen. Schulen sind zwar kein perfektes *role model*, weil sie so stark hierarchisiert sind, aber sie sind gerade deswegen ein guter Ort, um zu erleben, wie Demokratie hergestellt werden kann. Da gibt es zum Beispiel das Projekt »Aula« von Marina Weisband und anderen, das Schüler*innen die Werkzeuge in die Hand gibt – nämlich eine eigens entwickelte Software –, um Ideen für die schulische Gestaltung zu entwickeln, Mehrheiten zu finden und die Umsetzung zu beschließen. Aber das beste Beispiel derzeit sind die »Fridays for Future«, eine Bewegung, die von Jugendlichen initiiert wurde und getragen wird von ihrer Kraft zur Veränderung und von ihrem unbedingten Willen, sich in die Gesellschaft einzubringen. Das ist eine sehr gesunde Jugend! Unsere Aufgabe ist es heute, sie zu fördern, nicht wegzuschauen, sondern Handlungsoptionen aufzuzeigen.

Luis Camnitzer im Gespräch mit Franciska Zólyom

VOM SCHEITERN UND NICHTWISSEN: ÜBER KUNST AN DER SCHULE UND IM MUSEUM

Franciska Zólyom: In Ihrer komplexen und vielseitigen Arbeit als Künstler, Kurator und Autor haben Sie sich immer wieder mit dem Zusammenhang zwischen Kunst und Lernen, Kunst und Kunstvermittlung befasst, mit deren gesellschaftlichen Potenzialen, aber auch den Defiziten des Bildungssystems.

Bereits als junger Kunststudent in den 1950ern in Montevideo sowie später als Professor an der State University of New York haben Sie versucht, die Kunstausbildung zu verändern. Worauf führen Sie zurück, dass solcherlei Reformansätze mit so vielen Schwierigkeiten konfrontiert waren?

Luis Camnitzer: Vermutlich war es mein Versagen, nicht das der Institutionen. Wenn wir uns der Frage annehmen, warum es so selten gelingt, Bildungsprozesse zu transformieren, dann sehe ich eine Reihe von Irrwegen: Erstens werden Grundschule, weiterführende Schule und Universität oft gleichgesetzt. Zweitens wird zwar Bildung korrekt als Sozialisierung verstanden, aber verkannt, dass das Lernen lokal verortet ist, in spezifischen Gesellschaften. Drittens wird der Fokus auf die Vermittlung von Wissen gerichtet, dabei wäre der Umgang mit Nichtwissen viel produktiver: Es geht doch darum zu erschließen, was unbekannt ist. Das unerschöpfliche Feld des Unbekannten, das niemandem gehört und deshalb allen zur Verfügung steht, ist für mich als Künstler mein Handlungsraum – und ich verstehe mich in allen meinen Arbeitsfeldern als Künstler. Es ist die Kunst, aus der ich meine Qualitätsansprüche beziehe. Würden wir uns auf das Unbekannte fokussieren, könnten wir die Strukturen verändern und vor allem auf die Situiertheit von Lernprozessen eingehen, denn das Nichtwissen ist von Ort zu Ort anders.

Franciska Zólyom: Wie war Ihre Bildungssozialisation?

Luis Camnitzer: Ich hatte das Glück, in Uruguay eine kostenlose Universität besuchen zu dürfen. Meine Kommiliton*innen und ich waren sogar so radikal zu fordern, man müsse uns etwas bezahlen dafür, dass wir studieren. Denn schließlich würden wir lernen, um im Anschluss einen gesellschaftlichen Beitrag zu leisten. Damals ging es darum deutlich zu machen, dass wir keinen Selbstzweck erfüllten oder einer Abstraktion wie dem Nationalstaat, dem Arbeitsmarkt oder dem wirtschaftlichen Überleben dienen wollten, sondern eine eigene Klasse bildeten, die weder Proletariat noch Mittelschicht noch Oberschicht war. Wir befanden uns gewissermaßen in einem Zustand der Halbreife – was implizierte, dass wir in dem Moment, in dem wir die Universität verlassen würden, zwangsläufig der Korruption anheimfallen würden, die alle Erwachsenen ereilte. Diese Überzeugung führte automatisch zu einer Art Sozialvertrag, der uns dazu verpflichtete, für die Bildung der nächsten Generation Verantwortung zu übernehmen, denn wir mussten etwas weitergeben, bevor wir selbst korrumpiert wurden. Wir beriefen uns dabei auf eine lateinamerikanische Tradition, die 1918 mit der Universitätsreform in Córdoba begann und aus studentischer Mitsprache, kostenloser Bildung für alle, Säkularismus und gesellschaftlicher Verpflichtung bestand. Das ging natürlich alles brutal zu Ende, als in Lateinamerika die Zeit der Militärdiktaturen einsetzte, begründete aber eine vollkommen andere Bildungskultur als die der USA, wo Ende des 19. Jahrhunderts das System der *credits* eingeführt wurde, das in eine reine Profitorientierung des Schulwesens mündete. Heute nimmt dieses Schulwesen der Wirtschaft die Aufgabe ab, die Markttauglichkeit junger Menschen zu bemessen, was letztendlich zu einer Meritokratie führt. Dieses System ist nun nach Europa exportiert worden, im Zuge der Bologna-Reform, von der behauptet wird, sie diene der internationalen Übertragbarkeit von Bildungsnachweisen. Am Ende wird man aber auch in Europa für Bildung zahlen müssen. Das alles hat zu einer Entfremdung davon beigetragen, worum es bei Bildung gehen sollte: die Erschließung des Nichtwissens. Kunst bildet in diesem Prozess einen Kernpunkt, denn genau das ist ihre Aufgabe: das Unbekannte zu erschließen, sich der Normalisierung zu verweigern.

Franciska Zólyom: In Ihrem wegweisenden Text »Art and Literacy«[1] haben Sie darauf hingewiesen, dass wir im Zuge der Schulbildung immerzu Antworten auf Fragen lernten, die andere gestellt hätten – es gebe kaum die Möglichkeit, für sich herauszufinden, für welche Fragen man sich selbst interessiert. Selbst auf Kunstschulen werde viel vorgefertigtes Wissen vermittelt, das ein affirmatives Verhältnis zu vorangegangenen Ausdrucksformen voraussetze und erst am Ende der Kunstausbildung die Entfaltung von individueller oder kollektiver Kreativität ermögliche. Sie benennen als Grundkonflikt der Schulbildung die Tatsache, dass das Primat der Alphabetisierung bedeute, die Förderung von Kreativität zu vernachlässigen.

Luis Camnitzer: Das Primat des quantitativen Denkens – Alphabetisierung, mit allem was dazugehört, also auch Arithmetik – soll vorbereiten auf die Rechenschaftspflicht des Untertans eines Staates. Dabei bleibt qualitatives Denken auf der Strecke: die Gestaltwahrnehmung, das Erkennen von komplexen Konfigurationen, die Fähigkeit, etwas selbst herauszufinden, das *figuring out*. Nur diejenigen, die sich bewähren, denen wir das Potenzial zuschreiben, dass ihre Arbeiten in einer Galerie oder in einem Museum landen werden, oder die ehrgeizig genug sind sich durchzusetzen – nur diejenigen dürfen später eine Kunsterziehung genießen. Das ist, als würden wir nur denjenigen das Lesen und Schreiben beibringen, die potenziell Literaturnobel-Preisträger*innen werden könnten. Die künstlerische Form zu denken sollte meiner Ansicht nach ein integraler Bestandteil der Schulung des Denkens sein. Unser Fokus sollte nicht auf die Professionalisierung der Künste gerichtet sein. Dagegen ist nichts einzuwenden, aber die politische

Priorität ist eine andere. Wir alle sollten im Laufe unserer Schulbildung lernen, absurde Fragen zu stellen. Zu unserem Lernprozess muss es gehören, die Vorstellungskraft an die Grenzen des Möglichen und des Unmöglichen zu bringen und erst dann zu lernen, wie das mit der Realität vereinbar ist. Grundsätzlich bedeutet dies, dass jeder Mensch zu Beginn des Bildungsprozesses herausfinden sollen könnte, was ihre oder seine persönliche Utopie ist, und dann lernen sollte, wie das mit den Wünschen, Möglichkeiten und anderen Utopien vereinbar ist – und mit der Realität. Und am Ende des Schulzeit sollte man sich darüber im Klaren sein, bei welchen Idealen man bereit ist, Kompromisse zu machen, und vor allem, wer die Macht hat. Aus einem solchen Erkenntnisprozess entsteht das politische Engagement von selbst. Und zwar nicht durch eine vorgefertigte Ideologie, sondern aus der Einsicht, dass Macht gerecht verteilt werden muss.

Ich würde jetzt aber gerne noch Sie fragen, wie sich diese Fragestellungen in der Museumspraxis niederschlagen? Sie waren Kuratorin dieser wunderbaren Ausstellung *Kreativitätsübungen*[2]: Da ging es um historische und aktuelle künstlerische Projekte, die mit alternativen Lernformen experimentieren. War das ein Einzelprojekt? Wenn dem so wäre, ließe sich der Kanon zu Bildungsfragen ja leider kaum herausfordern.

Franciska Zólyom: Der Projekttitel ist einem offenen Kunstkurs entlehnt, den die Künstler*innen Miklós Erdély und Dóra Maurer 1975–1977 in Budapest gehalten haben. Dabei ging es nicht darum Künstler*innen auszubilden, sondern vielmehr darum, eigene Annahmen mit denen der anderen zu konfrontieren, falsche Hypothesen zum Ausgangspunkt der gemeinsamen Arbeiten zu wählen, um zu unerwarteten, unwahrscheinlichen Erkenntnissen oder zu weiteren Hypothesen zu kommen. Der Auslöser für die Ausstellung, die ich mit Dóra Hegyi und Zsuzsa László kuratiert habe, war aber die langjährige Vermittlungspraxis der Galerie für Zeitgenössische Kunst in Leipzig. In dieser Praxis gelingt es immer wieder, Menschen zusammenzubringen, die sich normalerweise nicht begegnen, weil sie unterschiedliche Schultypen besuchen oder in verschiedenen Stadtteilen wohnen. Die Vermittlungsarbeit verknüpft die Erfahrungen der Menschen miteinander, mit denen sie zusammenarbeitet, und fokussiert dabei weniger auf die Betrachtung von einzelnen Kunstwerken als vielmehr darauf, Bezüge zwischen der künstlerischen Arbeit und dem unmittelbaren Lebensumfeld der Kinder, Jugendlichen und Erwachsenen aufzuzeigen und zu diskutieren. Und wir haben die großartige Beobachtung gemacht, dass es Fragen gibt, die sich in solchen gemischten Gruppen besonders gut stellen lassen. Hier wird es möglich, Interessen anders zu teilen. Wir arbeiten viel außerhalb des Museums und erproben je nach Bedarf unterschiedliche Methoden der ästhetischen Forschung.

Luis Camnitzer: Wie ist das Hierarchieverhältnis zwischen Vermittler*innen und Kurator*innen? Inwiefern wirken die Kunstvermittler*innen bei der Entwicklung einer Ausstellung mit?

Franciska Zólyom: Wir verstehen Vermittlung als kuratorische Praxis, arbeiten Ausstellungen gemeinsam aus und versuchen dabei voneinander zu lernen. Es geht auch darum, künstlerische oder kuratorische Entscheidungen erfahrbar zu machen und die Besucher*innen dazu einzuladen, sich aktiv dazu zu verhalten. Ich stimme mit Ihnen überein, dass Kunst eine Form der Kommunikation ist, sie hat die Fähigkeit, Räume zu schaffen, in denen Ideen entwickelt, ausformuliert oder verworfen werden können. Es sind wertvolle und widerständige Räume. An dieser Stelle würde ich auch gerne eine Parallele zwischen Museum und Schule ziehen. Die meisten von uns haben eine bestimmte Vorstellung von Schule oder Museum. Wenn wir Kinder oder junge Erwachsene fragen, was ein Museum ist, bekommen wir ganz furchtbare Antworten. Es ist der Ort, an dem man ganz viele Dinge nicht tun oder sagen darf. Ich bin aber der Überzeugung, dass ein Museum das ist, was man daraus macht – ebenso wie die Schule. Das Museum als Institution ist also keine rigide Struktur, sondern ein Ort, an dem vielfältige Beziehungen zwischen Kunstwerken und Besucher*innen und zwischen Besucher*innen untereinander möglich sind. Die Begeisterung, mit der sich viele Besucher*innen für die Arbeit anderer interessieren, ist für Museen essenziell. In einer schnelllebigen Zeit spielen Museen gerade auch mit ihren relativ langsamen Strukturen eine Rolle, weil sie den Blick schärfen für die Art und Weise, in der Geschichten erzählt werden. Man kann ein Museum aus feministischer Perspektive, aus europäischer oder nicht-europäischer Perspektive befragen und formen. Die Auswahl und Präsentation der Kunstwerke spiegelt auch die jeweilige gesellschaftliche Übereinkunft dazu wider, was Kunst ist, und macht die strukturelle Gewalt, die in Museen wirkt, erfahrbar.

Luis Camnitzer: Da wird die Museumsarbeit interessant. Eine der größten Herausforderungen eines Museums ist die Frage danach, wie sein Auftrag verstanden wird. Da bedarf es einer Haltung. Schaffen Sie Projektionsflächen für das Publikum? Geben Sie Raum für multiple Interpretationen? Erlauben Sie eine Auseinandersetzung mit Ihren kuratorischen Entscheidungen? Integrieren Sie Kunst in das gegenwärtige Leben? Ich träume immer von einer Kunstgeschichte, die rückwärts erzählt wird, vom Hier und Jetzt in die Vergangenheit.

Franciska Zólyom: Ich würde gerne auf Ihre Beobachtungen zur Kunstbetrachtung zurückkommen. Sie unterscheiden drei Wahrnehmungsformen. Zunächst die traditionelle Betrachtungsform, die an der Oberfläche des Kunstwerks endet, mag ich das, mag ich das nicht. Dann die progressive Form, bei der man sich an das

Werk heranarbeitet: Was sehe ich? Woran denke ich dabei? Wohin führt mich das? ...

Luis Camnitzer: Zweiteres wäre sozusagen das Harvard-Programm der aufgeklärten Kunstbetrachtung. Letztlich bringt es Sie in einen Tunnel: Sie sehen das Licht am Ende des Tunnels und halten es für das Universum. Die Option, die mich wirklich interessiert, ist aber die dritte: um das Werk herumzugehen, sich zu fragen, warum existiert diese Arbeit eigentlich? Aus welchen Bedingungen heraus wurde sie geschaffen? Warum gibt es sie immer noch und warum ist sie nicht auf dem Müll gelandet? Warum ist sie unersetzlich und unverzichtbar? Könnte ich eine bessere Form dafür finden, etwa in einem anderen Medium? Wenn man die Arbeit so betrachtet, teilt man den kreativen Prozess der Künstler*innen, hört auf, Konsument*in von Fragen zu sein, die andere formuliert haben. An dieser Stelle entscheidet man mit, ob das Problem gut erfasst war und ob es gut verarbeitet worden ist.

Franciska Zólyom: Wenn ich mich mit Kunstwerken beschäftige, interessieren mich Prozesse der Übersetzung. Ich konfrontiere gerne mein Verständnis mit der künstlerischen Denkweise und Ausdrucksform. Wie hätte ich mich einer bestimmten Fragestellung genähert? Aus dieser Reflexion ergeben sich mitunter ganz andere Fragen, die weit über das Kunstwerk hinausgehen.

Luis Camnitzer: Ein gutes Kunstwerk ist heute nicht eines, das Sie bewundern, sondern das Sie in einen kreativen Prozess hineinführt. Die künstlerische Arbeit ist sozusagen ein Zwischenstadium, nicht ein abgeschlossenes Produkt. In diesem Sinne lassen sich Parallelen ziehen zwischen der Funktion der Künstler*innen und derjenigen der Lehrer*innen: Es geht nicht darum zu zeigen, wie intelligent sie selbst sind, sondern eine Hilfestellung zu geben für die Betrachter*innen, damit sie sich mit ihrer ganzen Intelligenz ins Spiel bringen. Das ist ein Prozess der Ermächtigung, darum geht es. Lehrer*innen und Künstler*innen sind daher letztlich autodestruktiv, selbstzerstörerisch. Wenn sie erfolgreich sind, werden sie überflüssig. Lehrer*innen sollten so schnell wie möglich ihre Schüler*innen loslassen, freisetzen – und dann haben sie ihren Job erledigt. Und beim Künstler ist es genauso. Der Tag, an dem ich als Künstler nicht mehr gebraucht werde, ist der Tag meines Erfolgs. Bis dahin erkläre ich mich für gescheitert.

Aus dem Englischen von Silvia Fehrmann

---

1 Luis Camnitzer, »Art and Literacy«, *e-flux Journal* 3, Februar 2009, https://www.e-flux.com/journal/03/68519/art-and-literacy.
2 *Kreativitätsübungen*, 18. Oktober 2014 – 1. Februar 2015, Galerie für Zeitgenössische Kunst, Leipzig.

Catherine Burke

DIE RADIKALE
VERGANGENHEIT
DES SCHULBAUS

Mit der Revolution der Informations- und Kommunikationstechnologie (IKT) hat sich unter Fachleuten ein klarer Konsens herausgebildet: Bei der Gestaltung von Schulgebäuden sollte die Anschaffung von IKT der zentrale Punkt sein (wobei sich angesichts der Kürzungen staatlicher Mittel die Frage aufdrängt, ob Schulen eine solche Vision überhaupt noch verwirklichen können). Das zeigt, wie sehr das Bild einer erfolgreichen Schule, erfolgreicher Schüler*innen und kompetenter Lehrkräfte mit der Vorstellung eines hoch technologisierten Umfelds verknüpft ist – auch wenn sich ständig ändert, was das eigentlich bedeutet. Das war schon immer so; der Übergang vom schulischen Umgang mit Low-Tech zu dem mit High-Tech galt allgemein als positiv. Parallel dazu entwickelte sich ein Diskurs, in dem Kinder zu *digital natives* wurden, die sich ohnehin nur noch über einen entsprechend digitalisierten Lehrplan motivieren lassen.[1]

Vielleicht sollten wir an diesem Punkt innehalten und uns fragen, welchen Interessen dieser Diskurs dient und ob es nicht auch Gründe gibt, Optionen für überzeugende nicht-digitale technologische Erfahrungen und Begegnungen an Schulen zu schaffen.

Eine Schule, wie wir sie uns wünschen
2001 lud die Tageszeitung *The Guardian* auf Anregung der Autorin Kinder und Jugendliche in Großbritannien im Rahmen eines Wettbewerbs dazu ein, ihre Vision zu erläutern, wie Schule anders organisiert und erlebt werden könnte.[2] Die gleiche Frage war zuvor bereits von der Zeitung *The Observer* (1967) und von *The Observer Review* (1996) gestellt worden, 2005 führten *The Age* (Melbourne) und *The Sydney Morning Herald* (Sydney) einen ähnlichen Wettbewerb durch. 2011, zehn Jahre später, forderte der *Guardian* schulpflichtige Kinder und Jugendliche erneut dazu auf, die Frage nach einer

Schule, die ihren Wünschen gerecht würde, zu beantworten. Die eingegangenen Vorschläge bieten einen spannenden Lesestoff, da sie sich auf Schule insgesamt beziehen, angefangen von der physischen Umgebung bis zum Lehrplan und darüber hinaus. Einige Beiträge entstanden als reguläre Hausaufgaben, andere stammen von einzelnen Schüler*innen, von denen einige zu Hause unterrichtet wurden, andere Traveller-Gemeinschaften angehörten oder sich aus dem Schulunterricht im Krankenhaus meldeten. Ideen kamen aus einkommensschwachen Schulbezirken ebenso wie aus Privatschulen, die Schulgeld erheben. Die Beschäftigung mit diesem Material zeigt, dass die jungen Leute im Laufe der Zeit trotz technologischer Entwicklungen die gleichen Fragen und ähnliche Forderungen stellen. Hier ist eine Zusammenfassung der Ideen von 2001:

Die Schule, wie wir sie uns wünschen:
- eine wunderschöne Schule mit Glaskuppeln, die das Licht hineinlassen, aufgeräumten Klassenzimmern und bunten Wänden
- eine sichere Schule mit Magnetkarten für das Schultor, Anti-Mobbing-Alarm, Erste-Hilfe-Kursen und einer Person, mit der man über seine Probleme sprechen kann
- eine Schule, die zuhört, mit Kindern im Leitungsgremium, Klassenvertreter*innen und der Möglichkeit, für Lehrer*innen zu stimmen
- eine flexible Schule ohne strenge Stundenpläne oder Prüfungen, ohne Hausaufgabenpflicht, ohne einen für alle geltenden Lehrplan, damit wir unseren Interessen nachgehen können und mehr Zeit für das haben, was wir gern machen
- eine relevante Schule, in der wir durch Erfahrung, Experimente und Erkundungen lernen, an der es Ausflüge zu historischen Stätten gibt und Lehrer*innen, die praktische Erfahrung in ihren Unterrichtsfächern besitzen

- eine respektvolle Schule, in der wir nicht als leere Gefäße behandelt werden, die es mit Informationen zu füllen gilt, in der Lehrer*innen uns als Individuen behandeln, in der Kinder und Erwachsene frei miteinander reden können und in der unsere Meinung zählt
- eine Schule ohne Mauern, damit wir draußen lernen können, mit Tieren, um die wir uns kümmern, und wilden Gärten, die wir erkunden können
- eine Schule für alle, in der es keine Rolle spielt, wo die Schüler*innen herkommen und welche Fähigkeiten sie besitzen, in der es keine Noten gibt, damit wir nicht miteinander konkurrieren, sondern einfach unser Bestes geben

Nach einem Jahrzehnt staatlicher Maßnahmen zum Um- und Neubau von Schulen, in dem IKT eine zentrale Rolle spielte, stieß die Initiative des *Guardian* auch 2011 auf große Resonanz.[3] Bei näherer Betrachtung dieser aktuelleren Sammlung von Ideen, Vorschlägen und Forderungen wurde schnell klar, dass sich an den Prioritäten der Schüler*innen wenig geändert hatte. Natürlich gab es Vorschläge zur Verwendung digitaler Plattformen und digitalisierter Materialien, die innovativer waren, als es sich die Lehrer*innen bis dato vorstellen konnten, doch es blieb das Verlangen nach »realeren« Lernmöglichkeiten, die sich nicht innerhalb des Klassenzimmers allein oder mittels digitaler Hilfsmittel befriedigen ließen. Es gab zahlreiche Parallelen zu den Antworten der Kinder und Jugendlichen aus der Befragung von 2001 und zu dem, was Kinder im Sekundarschulalter bereits bei einer ähnlichen Initiative im Jahr 1969 vorgeschlagen hatten.[4]

Das aktuellere »Kindermanifest« fasste die Ideen der Kinder aus dieser zweiten landesweiten Umfrage zusammen.[5] Diese Ideen zeugten von dem Wunsch, praktische Tätigkeiten wie die Sorge für andere Lebewesen, die Pflege eines Gartens oder grundlegende landwirtschaftliche Tätigkeiten, darunter Tierhaltung – Pferde und Schafe – auf dem Schulgelände, in ihren Schulalltag integrieren zu können. All das entzieht sich jedoch weitgehend der Möglichkeit zur Digitalisierung und will hautnah erfahren werden.

2011 wünschten sich Schüler*innen ihre Schule so:
- aktiv – mit jeder Menge unterschiedlicher Sportarten wie Judo, Tanzen, Karate, Fußball und Klettern sowie einem Schwimmbecken mit Rutschen; außerdem Spielplätze mit Klettergerüsten und Baumhäusern, in denen man etwas über die Natur lernen kann
- ruhig – mit Räumen zum Chillen, Musik statt Pausenglocke und einem stillen Innenbereich zum Malen, Lesen und für Brettspiele während der Pausen
- bequem – mit Sitzsäcken, Stühlen, die groß beziehungsweise klein genug sind, Hausschuhen und der Möglichkeit, persönliche Dinge zu verstauen; im Sommer sollte es kalte Getränke und im Winter warme Getränke geben
- bunt und kreativ – mit jeder Menge Platz, um Kunst zu machen und zu zeigen, bunt gestrichenen Wänden in Fluren und Speisesälen und Blumen im Klassenzimmer
- sachkundig – mit Lehrer*innen, die ihr Fachwissen nicht nur aus Büchern, sondern auch aus der Praxis haben, und mit Prominenten, die von dem erzählen, was sie tun
- flexibel – mit mehr Zeit für Lieblingsfächer, keinen Pflichtfächern außer Mathematik und Englisch und mehr Zeit für Kunst und Sport
- freundlich – mit netten Lehrer*innen, die in Zimmerlautstärke reden und nicht schreien, und speziellen Mitarbeiter*innen, an die man sich zum Reden wenden kann; es sollte erlaubt sein, in

der Klasse und bei Versammlungen neben seinen Freund*innen zu sitzen
- aufmerksam – mit Foren, in denen die Klassen ihre Meinung äußern können, und mit der Möglichkeit für Schüler*innen, sich in Ruhe mit Lehrer*innen zu unterhalten; zuhören allein reicht nicht, die Kommentare der Kinder müssen auch ernst genommen werden, um dann etwas zu ändern
- inklusiv – mit Räumen, in denen Schüler*innen mit unterschiedlichen Leistungen, Fähigkeiten und Hintergründen gemeinsam lernen, mit Möglichkeiten zur Arbeit in kleinen Gruppen oder für sich allein
- international – mit Gerichten aus der ganzen Welt zum Mittagessen und Schüler*innen aus der ganzen Welt in der Klasse; mit der Möglichkeit, ins Ausland zu gehen, um andere Sprachen und Kulturen kennenzulernen
- draußen – mit Schulausflügen (ohne Arbeitsunterlagen) alle zwei Wochen, Tieren wie Hühnern, Schafen und Pferden, die versorgt werden müssen, und Gewächshäusern, in denen Obst und Gemüse angebaut wird, für den Verzehr in der Schule oder für den Verkauf, um die nötigen Mittel für Anschaffungen zu besorgen
- technologisch – mit iPads zum Lesen und Schreiben, MP3-Playern zur Entspannung in der Pause oder Erleichterung der Konzentration beim eigenständigen Arbeiten und USB-Sticks, um Arbeit mit nach Hause zu nehmen (und Papier zu sparen).

In den Umfragen von 2001 und 2011 war das architektonische Umfeld (einschließlich des Außengeländes) ein wichtiges Anliegen der Schüler*innen, und viele wünschten sich eine Mischung aus Komfort, Sicherheit und Abenteuer. Aber auch wenn die Kinder ermutigt wurden, ihrer Fantasie freien Lauf zu lassen, äußerten sie nur selten den Wunsch, mit High-Tech-Tools zu lernen: Viele wünschten sich einfache Technologien sowie Materialien und Aktivitäten, die zur Digitalisierung ungeeignet sind. In einer Zeit, in der häufig die Rede vom Verlust der Kindheit ist und behauptet wird, die Kinder von heute seien ganz anders als frühere Generationen, sollten wir die Änderungsvorschläge der Kinder vielleicht ernster nehmen. Ihre Ideen sind in vielerlei Hinsicht radikaler als diejenigen, die High-Tech als bestimmendes Gestaltungsmerkmal von Schule ansehen.

Eine Rückbindung an die radikale Vergangenheit
In den letzten Jahren haben Bildungshistoriker*innen eine reichhaltige, komplexe und verborgene Geschichte des Schulbaus zutage gefördert, die für die aktuelle und zukünftige Bildungsplanung von hoher Relevanz ist.[6] In den zehn Jahren zwischen den beiden Umfragen habe ich unter Architekt*innen recherchiert, die Kinder bei der Gestaltung von Schulen einbeziehen, und mich parallel dazu mit der Geschichte von Schulen beschäftigt, die sich dank einer kritischen Selbstreflexion gewandelt haben. Zu meiner Forschungsarbeit gehörte auch die Zusammenarbeit mit einer internationalen Gruppe aus Wissenschaft und Praxis, darunter Lehrer*innen und Architekt*innen, die die »Sichtweise des Kindes« bei der Gestaltung von Lernumgebungen im 21. Jahrhundert in den Blick genommen haben.[7] Dies wiederum gab den Anstoß zu einer Studie über das Leben von Architekt*innen, die um die Mitte des 20. Jahrhunderts Prinzipien und Werte zur Entwicklung neuer Schulen ausgearbeitet haben, in denen die Kreativität der Kinder durch die Beschäftigung mit den Künsten und sogenannten »Primärerfahrungen« gefördert wurde.[8] Meiner Ansicht nach lassen sich diese Methoden (von Lehrer*innen und Architekt*innen) hervorragend mit den aktuellen Anregungen (von Kindern und Jugendlichen) verbinden, um für eine radikalere Form der Gestaltung

von »Schulen, in denen Zukunft entsteht«, zu werben, als das bisher der Fall war.⁹

Die Auseinandersetzung mit den Ansichten und Vorstellungen der Schüler*innen von heute hilft uns zu verstehen, dass das Klassenzimmer noch immer eine zentrale Rolle einnimmt, die nicht nur erziehungswissenschaftliche Fragen bestimmt, sondern auch die konkrete Gestaltung unserer Schulen. Architekt*innen denken im Allgemeinen zuerst an das Gebäude und dann – wenn überhaupt – an das Außengelände und weitere Lernzusammenhänge. Aktuelle Diskurse setzen »Kreativität« in Erziehung und Bildung meist in Verbindung mit theoretischer Auseinandersetzung statt mit praktischen Erfahrungen aus erster Hand – und mit der Ausstattung von Klassenzimmern statt mit Beziehungen zu Gegenständen, Landschaften und lebendigen Dingen jenseits der Schulmauern. Für einen positiven Zusammenhang zwischen digitalen Plattformen und Kreativität an Schulen gibt es bislang jedoch kaum Belege.¹⁰

[...]

Versteckter Internationalismus

In der Nähe von Chicago wurde 1940 eine Schule gebaut, die maßgeblich für die moderne Schularchitektur war und es auch heute noch ist. Die Crow-Island-Grundschule in Winnetka war ein Gemeinschaftswerk des Architektenteams von Perkins, Wheeler und Wills in Kooperation mit Eliel Saarinen, einem finnischen Architekten, der den Hauptbahnhof von Helsinki sowie die Schulgebäude der Kunstakademie Cranbrook entworfen hat. Perkins, Wheeler und Wills waren ein etabliertes amerikanisches Architekturbüro mit einem Interesse für progressive Pädagogik, Saarinen ein Einwanderer aus Finnland, der künstlerischer Direktor der Akademie von Cranbrook wurde; ihr Experiment sollte Architektur im Rahmen eines radikalen Bildungsprogramms mit Kunst vereinen. Schon der Plan des Gebäudes hinterfragte die Hegemonie des Klassenzimmers. Die Idee dahinter war, dass Lehrer*innen und Schüler*innen in zunehmend komplexeren Szenarien aktiv würden, die flexible Räume erforderten, die sich für verschiedene Zwecke umgestalten ließen. L-förmige Klassenzimmer sollten verschiedene Lern- und Lehrmethoden ermöglichen, nicht zuletzt durch die Förderung praktischer Lernerfahrungen. Dementsprechend war der kleine Teil des L als Werkstattraum konzipiert und mit allem ausgestattet, was für die Projektarbeit benötigt wird. Elizabeth Herbert, Direktorin der Schule von 1984 bis 2005, erklärt dies so:

»Der kleinere Raum, der den Fuß der L-Form bildet, sorgt durch seine Größe für Vertrautheit und hat alles, was man im Alltag braucht. Dort sind Toiletten, ein Waschbecken, es ist ein Ort, der für das Wesentliche steht. Alles befindet sich in Reichweite, schafft Möglichkeiten. So wird Raum immer wieder neu kreiert, je nach den Vorstellungen der Lehrer*innen und Kinder. [...] Mitunter nimmt er ein Eigenleben an, wird zum Museum oder zum Ausstellungsraum für große Projekte, damit das Klassenzimmer davon unbehelligt bleibt. [...] Der gut ausgestattete ›Ort für das Wesentliche‹ im vertrauten Arbeitsraum und die auf die Größe der Kinder abgestimmten Details sind Teil einer Lernumgebung, die es erlaubt, verschiedene Aktivitäten zu artikulieren, indem sie [...] ein ›Set von Möglichkeiten‹ offeriert.«[11]

Einer der größten Vorteile eines solchen Raumes war die Möglichkeit, Projekte für längere Zeiträume ruhen zu lassen und die Arbeit daran immer wieder aufnehmen zu können. Das wirkte sich gleich mehrfach aus: Es sprach dem Prozess und nicht nur dem Ergebnis einen Wert zu, und es bot die Möglichkeit, den Entwicklungsprozess bewusst zu verfolgen. Allein die Existenz des Raums war spannend für Leute, die dort vorbeikamen; er stimulierte neue

Ideen, indem er zugänglich und jederzeit einsehbar war. Das L-förmige Klassenzimmer garantierte, dass jedes Kind Zugang zu einem eigenen kollektiven Raum hatte, der die verschiedensten Lernmöglichkeiten förderte.[12]

Architekt*innen des Bildungsministeriums, die für die britische Nachkriegsregierung arbeiteten und alternative Lernmöglichkeiten anstrebten, setzten eine Variante des L-förmigen Klassenzimmers in den von ihnen entworfenen Grundschulen um. An Schulen wie der Eveline-Lowe-Schule (1966) und der Woodside-Grundschule in Amersham (1956) besaß jedes Klassenzimmer einen angrenzenden Werkraum mit ähnlichen Nutzungsmöglichkeiten wie in der Crow-Island-Schule. In diesem Raum konnten die Kinder bei Bedarf größere Projekte ausführen – auch solche, die Dreck oder Unordnung verursachten – oder gemeinsam große Modelle anfertigen. Sie konnten künstlerisch tätig werden und eigene Objekte aus Lehm und Holz schaffen, und das alles in unmittelbarer Nähe ihres Klassenzimmers.

Dieser kurze Rückblick macht deutlich, dass die Rolle von Architekt*innen bei der Einführung neuer Lehr- und Lernansätze eine lange, umfassende Geschichte hat, und dass viele ihrer Ideen gar nicht so weit von den Ansichten der Schüler*innen von heute entfernt sind. Zur Jahrhundertwende führte die Ablehnung der als unmenschlich empfundenen Industrialisierung zu pädagogischen Reaktionen, die auch architektonische Lösungsansätze in Form von baulichen Umgestaltungen oder komplett neuen Ansätzen für den Schulbau stimulierten. Zu den bekannteren Beispielen gehört W. F. Sanderson (1857–1922), Schulleiter der Oundle School, der das Schulgebäude in Werkstätten und Labors umwandelte, umgeben von Schaukästen und anderen Ausstellungsmöglichkeiten. Sanderson vertrat die Ansicht, Schule solle die Welt als Mikrokosmos verkörpern und deshalb alles dazu Nötige beinhalten. Klassenzimmer, die für passives Lernen standen, sollten in Kreativwerkstätten verwandelt werden, in denen Schüler*innen die Werkzeuge, Unterstützung und Inspiration erhielten, um eigene kreative Lösungen für reale Probleme zu finden.[13] Die Reformbewegung New Ideals in Education inspirierte und unterstützte viele, die sich von John Deweys Laborschulen-Experiment in Chicago sowie A. S. Neills demokratischem Abenteuer Summerhill im englischen Suffolk ermutigt fühlten. Edward O'Neill, 1919–1951 Schulleiter der Prestolee Elementary School, betrachtete die Umgestaltung und den Bau der Schule und des Spielplatzes und alles darin und darauf als Teil des Lehrplans. Ein gut ausgestatteter Werkraum bildete das Herzstück der Schule, und die Kinder hatten Zugang zu allem, was sie für ihre Forschungen, Entwürfe und Bauprojekte benötigten. Etwa zur gleichen Zeit entstand die anthroposophische Bewegung im unabhängigen »alternativen« Bildungsbereich und brachte die Steiner- und Waldorfschulen hervor. Diese Schulen betonen nach wie vor die Bedeutung eigener Erfahrungen beim Lernen, und viele lehnen die Einführung von elektronischen Geräten generell ab. Gleichzeitig stellte sich heraus, welch wichtige Rolle gut gestaltete Räume spielen, um Kinder und ihre Lehrer*innen zu animieren, Lernwerkzeuge selbst herzustellen und zu benutzen. Diese Erkenntnisse waren in der Nachkriegszeit Teil eines Konsenses über das, was an Schulen wichtig ist – sofern man Kinder als Künstler*innen und Schöpfer*innen ihrer eigenen Welten betrachtet.[14]

Der Pädagoge Christian Schiller vertrat Mitte des 20. Jahrhunderts die Ansicht, dass Lernen »durch den Gebrauch des Körpers« und damit durch die Bewegung und den Einbezug aller Sinne geschieht.[15] Er berief sich in seiner Rolle als Senior Inspector for Primary Education für das britische Bildungsministerium der Nachkriegszeit vor allem auf jüngere Kinder, aber sein Standpunkt gilt letztlich genauso für Jugendliche. Wenn dies im 21. Jahrhundert immer noch gilt, sollten Pädagog*innen und Architekt*innen es auch berücksichtigen.

In seinem Buch *Handwerk* argumentiert Richard Sennett, wir hätten in den letzten Jahrzehnten den Blick dafür verloren, wie wichtig es ist, den Körper beim Lernen einzubeziehen.[16] Das habe zu einem Verlust des Glaubens an die Rolle von Praxis, Wiederholung und Ausdauer als Lerntechniken beigetragen. Zur Veranschaulichung verwendet Sennett Beispiele aus eigener Erfahrung: die Versuche, ein Instrument oder die Linux-Programmierung zu beherrschen. Beide Male ist der Körper involviert, und die Technik lässt sich durch Wiederholung und Praxis perfektionieren, indem man eigene Fehler erkennt und korrigiert. Die pädagogische Herausforderung besteht laut Sennett darin, Lernroutinen nicht in geschlossenen, sondern in offenen Systemen zu gestalten. Das geschlossene System wird durch das Klassenzimmer und den didaktischen Ansatz im Unterricht repräsentiert; das offene System stellt das Klassenzimmer infrage.

Sennetts Beispiele sind einleuchtend, beruhen aber auf der Vorstellung von einem einzelnen Kind, das eine handwerkliche oder künstlerische Fertigkeit erlernt. Schulen sind aber auch soziale Orte, an denen hochwertige gemeinschaftliche, kooperative und wechselseitige Erfahrungen gefördert werden können. Befürworter*innen innovativer Technologien betonen, dass ihr Einsatz nicht nur den Einzelnen in seinem personalisierten Lernschema motivieren, sondern auch eine verstärkte Zusammenarbeit mit anderen ermöglichen kann. Das ist korrekt, und es ist Sache der Lehrkraft, diese Art der Zusammenarbeit zu befördern. Das gemeinschaftliche Lernen in einer virtuellen Umgebung ist für viele Pädagog*innen allerdings schon deshalb attraktiv, weil es nur geringe Anforderungen an die materielle Umgebung stellt. Was aber geht an Wertvollem verloren, wenn man sich vom gemeinsamen Lernen in Echtzeit und im realen Raum entfernt?

Was bedeutet das für die Kommunikation zwischen Pädagog*innen, Architekt*innen und Entwickler*innen von High-Tech-Lernplattformen heute? Der zentrale Punkt ist, die Vormachtstellung des Klassenzimmers zu hinterfragen, wie es – so zeigt uns die Geschichte – immer schon der Fall war.

Dass die Sinne am Lernprozess beteiligt sind, wussten schon die frühen progressiven Pädagog*innen des 20. Jahrhunderts wie Maria Montessori, Susan Isaacs und A. S. Neill sowie weniger bekannte Persönlichkeiten wie Sybil Marshall, Edward F. O'Neill und John Aitkenhead. Die Beteiligung der Sinne am Lernprozess wurde zu einem wichtigen Bestandteil der offiziellen pädagogischen Praxis im England der Nachkriegszeit und ein Charakteristikum des kindzentrierten Lernens in der Grundschule, wie es vom Central Advisory Council for Education, dem sogenannten Plowden-Komitee, 1967 beschrieben wurde. Im Mittelpunkt stand der bereits erwähnte Begriff der »Primärerfahrung«: Kinder sollten einen möglichst großen Teil des Schulstoffes durch »Primärerfahrungen« erwerben, dementsprechend wurden Schulen umgestaltet oder neu konzipiert. Etwa zur gleichen Zeit kam erstmals Kritik am Einbezug von Hochtechnologie an Schulen auf: Verschiedene Autor*innen machten sich Gedanken, welche Folgen die technologische Revolution auf das Verhältnis von Erwachsenen und Kindern haben könnte.[17]

Bei der Planung und Gestaltung von Schulgebäuden werden Architekt*innen heute mit der Frage konfrontiert, ob ihre Entwürfe zukunftssicher sind. Keri Facer unterscheidet hier zwischen Schulen, die für die Zukunft gerüstet sind, und Schulen, in denen Zukunft entsteht.[18] Die Architekt*innen, die für den Entwurf der Crow-Island-Schule in Winnetka verantwortlich zeichneten, glaubten an die Gestaltung von Schulen für das Hier und Jetzt, nicht für die Zukunft:

»Auf Crow Island lag der Fokus auf den Kindern; sie versuchten nicht, sich vorzustellen, was wir vielleicht in 20 Jahren lernen werden. Dort hieß es: ›Weißt du was? Es geht um die Kindheit. Was also hat es mit der Kindheit auf sich? Kinder brauchen Spaß, sie brauchen Sicherheit, Bestätigung, sie brauchen einen Ort, an dem sie ihrer Fantasie freien Lauf lassen können. [...] Wenn man sich auf die Kindheit konzentriert und weiß, was diese ausmacht, dann stehen die Chancen für einen guten Gebäudeentwurf nicht schlecht.‹«[19]

Man könnte also vermuten, dass heutige Architekt*innen der Sache ziemlich nahekommen, wenn sie die folgenden Prinzipien bedenken:
- unbegrenzte Vielfalt darin, wie Kinder sind, wie sie lernen und welche Materialien sie dabei verwenden
- die natürliche Energie und Ausgelassenheit von Kindern
- Vertrauen und Freundlichkeit in den schulischen Beziehungen
- eine ungezwungene Atmosphäre im Unterricht
- ein Abbau der Trennung zwischen Erwachsenen und Kindern, Altersgruppen der Lernenden, Abschnitten des Schultages, drinnen und draußen, den Fächern des Lehrplans
- eine Pädagogik, die es Kindern erlaubt, Lernelemente ununterbrochen von Anfang bis Ende zu verfolgen, »um die Gelegenheit beim Schopf zu packen«
- der Wechsel von einem Ort zum anderen als positive Erfahrung
- Lernräume, von denen keiner gleich aussieht und deren Vielfalt so weit wie möglich die Vielfalt der Kinder widerspiegelt
- tiefgehende, bleibende »Primärerfahrungen«
- das Bedürfnis nach Rückzugsräumen, in denen Kinder still sein können, wenn sie möchten

- eine möglichst schöne Aussicht aus den Schulfenstern
- Aufbewahrungsmöglichkeiten, die den Bedürfnissen und Fähigkeiten von Kindern und Lehrer*innen gerecht werden.
- Kinder, die sich wohl fühlen, sich problemlos von Ort zu Ort begeben können, alle ständig in Bewegung sind und gemeinsam von einem Lehrkräfte-Team unterstützt werden
- ein eigener Arbeitsbereich für Kinder, mit ihren eigenen Materialien, ihrer eigenen Nische mit Toilette und Garderobe in der Nähe
- Räume, die allesamt zum Lernen und Unterrichten geeignet sind, auch Säle, Flure und Außenbereiche (z. B. als überdachte Veranda)
- Lebewesen wie Haustiere, Pflanzen, Bäume und Gärten, die an diesem Ort gedeihen können

Ähnliche Gestaltungsprinzipien und Werte könnten auch Schulen in der Zukunft zugrunde liegen. Formuliert wurden sie bereits vor einem halben Jahrhundert von Christian Schiller, Senior Inspector für Grundschulbildung in England und Wales. Dies kann jedoch nur unsere Entschlossenheit stärken, die Ansichten von Kindern und Jugendlichen zu respektieren, ihnen einfach mal zuzuhören, wenn es um Gestaltungsfragen im Bildungsbereich geht. Denn in ihnen klingen auch die Stimmen der Vergangenheit mit, und sie erkennen häufig viel früher als die Erwachsenen, worin die Zukunft des Lernens besteht.

Aus dem Englischen von Anja Schulte

Gekürzter Auszug aus Catherine Burke, »Looking back to imagine the future: connecting with the radical past in technologies of school design«, *Technology, Pedagogy and Education* 23/1 (2014), S. 39-55.
© Association for Information Technology in Teacher Education, reprinted by permission of Taylor & Francis Ltd, www.tandfonline.com on behalf of Association for Information Technology in Teacher Education

1. Vgl. Catherine Burke, »About looking: Vision, transformation, and the education of the eye in discourses of school renewal past and present«, *British Educational Research Journal* 36 (2010), S. 65-82. Der Begriff *digital natives* stammt von Marc Prensky: Marc Prensky, »Digital Natives, Digital Immigrants«, *On the Horizon* 9/5 (2001), S. 1-6.
2. »The School I'd Like« trug Gedanken von Kindern und Jugendlichen zwischen 5 und 18 Jahren zusammen. Vgl. Dea Birkett, »The School we'd like«, 05. Juni 2001, www.guardian.co.uk/education/2001/jun/05/schools.uk7; siehe auch Catherine Burke und Ian Grosvenor, *The School I'd Like. Children and Young People's Reflections on an Education for the 21st Century*, Routledge, London 2003, S. 68-79.
3. Britische Schulbauprogramme: Building Schools for the Future (vgl. www.education.gov.uk/publications/eOrderingDownload/DfES%200218%20200MIG467.pdf) und Primary Capital Programme (vgl. dera.ioe.ac.uk/6022).
4. Vgl. Edward Blishen, *The School That I'd Like*, Penguin, London 1969.
5. Vgl. Dea Birkett, *The Children's Manifesto*, 3. Mai 2011, www.guardian.co.uk/education/2011/may/03/school-i-would-like-childrens-manifesto. Die Zeichnungen der Kinder sind gleichermaßen vielsagend, wenn nicht gar aufschlussreicher als ihre Worte, aber leider steht hier nicht ausreichend Raum zur Verfügung, um diesem Aspekt gerecht zu werden.
6. Vgl. Catherine Burke, »›Inside out‹: A collaborative approach to designing schools in England, 1945-1972«, *Paedagogica Historica: International Journal of the History of Education* 45 (2009), S. 421-433; dies., »About looking«; dies., *A Life in Education and Architecture. Mary Beaumont Medd*, Ashgate, London 2013; Catherine Burke und Ian Grosvenor, »The Steward Street School experiment: A critical case study of possibilities«, *British Educational Research Journal* 39 (2013), S. 148-165.
7. Das »Forschungscluster« wurde 2005 im Rahmen des Programms »Designing for the 21st century« vom Engineering and Physical Sciences Research Council gefördert. Vgl. Catherine Burke, Claire Gallagher, Jon Prosser, Judy Torrington, »The view of the child: Explorations of the visual culture of the made environment«, in: Tom Inns (Hg.), *Designing for the 21st Century. Interdisciplinary Questions and Insights*, Ashgate, London 2008, S. 68-79.
8. Vgl. Burke, *A Life in Education*.

9   Der englische Begriff »future building« stammt von Keri Facer, *Learning Futures. Education, Technology and Social Change*, Routledge, London 2011.
10 Vgl. Vinesh Chandra und Margret Lloyd, »The methodological nettle: ICT and student achievement«, *British Journal of Educational Technology* 39 (2008), S. 1087–1098; Jerry Wellington, »Has ICT come of age? Recurring debates on the role of education, 1982–2004«, *Research in Science and Technological Education* 23 (2005), S. 25–39.
11 Alessandro DeGregori, *Learning environments. Redefining the discourse on school architecture*, unveröffentlichte Masterarbeit, 2007, S. 89.
12 Elizabeth Herbert engagiert sich nach wie vor für die Gestaltung von Schulen und berät Architekt*innen in den USA beim Entwurf von Schulgebäuden im 21. Jahrhundert.
13 Vgl. H. G. Wells, *Die Geschichte eines großen Schulmeisters. Eine einfache Darstellung des Lebens und der Ideen Sandersons von Oundle*, Paul Zsolnay Verlag, Wien 1928.
14 Vgl. Catherine Burke, »The school without tears. E. F. O'Neill of Prestolee School, *History of Education* 3 (2005), S. 263–275.
15 Vgl. Christopher Griffin-Beale (Hg.), *Christian Schiller in His Own Words*, National Association for Primary Education, Oxford 1979.
16 Vgl. Richard Sennett, *Handwerk*, Berlin Verlag, Berlin 2007.
17 Vgl. Neil Postman, *Das Verschwinden der Kindheit*, Fischer, Frankfurt am Main 1987.
18 Vgl. Keri Facer, *Learning Futures*.
19 Herbert, Interview Juni 2006, in: Alessandro DeGregori, *Learning environments*, S. 91.

Robert Pfützner

VON SCHULFEEN, SMART SCHOOLS UND WISCHMOPPS: DER IDEENWETTBEWERB »UNSERE SCHULE«

Schüler*innen von Lengenfeld unterm Stein bis Teheran, von Köln bis Tokio sendeten 2017–2018 über zweihundert Zukunftsvisionen beim Kreativwettbewerb »Unsere Schule!« ein. Aus allen Ideen entstand ein Schüler*innen-Manifest, das die wichtigsten Forderungen der Kinder und Jugendlichen zusammenfasst. Die auf den folgenden Seiten abgebildeten zehn Beiträge aus dem Ideenwettbewerb »Unsere Schule!« zeigen einen Ausschnitt aus über 200 Einsendungen. Die Mischung aus besonders originellen Beiträgen steht stellvertretend für die vielen Ideen, die das Haus der Kulturen der Welt erreichten. Ein umfangreicherer Überblick über die Wünsche und Vorstellungen der Schüler*innen findet sich auf der Website *unsereschule.hkw.de*.

1. Gymnasium am Rotenbühl, Saarbrücken
Nicht nur Modelle utopischer Schulen erreichten das Haus der Kulturen der Welt. Stellvertretend für eine ganze Reihe ähnlicher Einsendungen stehen die vom Kurs Bildende Kunst des Gymnasiums am Rotenbühl in Saarbrücken entwickelten architektonisch-gestalterischen Ideen, die das bestehende Schulgebäude zum Ausgangspunkt nahmen. Unter dem Titel »Smart School« erforschten fünfzehn Schüler*innen gemeinsam mit zwei Architekturstudent*innen Möglichkeiten ästhetischer Transformationen des Schulraums von einem reinen Lernort zu einem Wohlfühlort. Entstanden sind nicht nur visuell beeindruckende Entwürfe, die sowohl den Arbeitsprozess als auch das Ergebnis dokumentieren: Der Beitrag ist auch ein Statement für das riesige Potenzial partizipativer Schul(raum)entwicklung.

2. German School Kuala Lumpur
Mit »Wir basteln unsere Umwelttraumschule Malaysia« ist der Wettbewerbsbeitrag einer 4. Klasse der Deutschen Schule Kuala

Lumpur (Malaysia) übertitelt. Wie zahlreiche andere Gruppen machten sich die Schüler*innen daran, ein dreidimensionales Modell ihrer Schule der Zukunft zu bauen. Heraus kamen zu viele und zu umfangreiche Modelle, um sie physisch zu verschicken; Fotos und Videos mussten ausreichen. In den kurzen Videopräsentationen erklären die Schüler*innen ihre Modelle und die ihnen zugrunde liegenden Ideen. Einige dieser Wünsche sind auch in anderen Wettbewerbsbeiträgen sehr populär: ein großer Schulgarten zum Obst- und Gemüseanbau, Smartboards und weitere digitale Technik oder ein Swimmingpool (mit Poolnudeln!). Und natürlich soll die neue Schule umweltfreundlich und nachhaltig sein. Die Modelle nehmen diese Idee schon vorweg: Sie sind allesamt aus Recyclingmaterialien gebaut.

3. Astrid-Lindgren-Schule, Ladenburg

Unter dem Motto »Ich mache mir die Schule, widewide wie sie mir gefällt …« entwarfen 107 Grundschüler*innen der Astrid-Lindgren-Schule in Ladenburg den »Weg zur Wunderschule«. Das Projekt überzeugte auch die Jury des Ideenwettbewerbs, so dass es in die Liste der nominierten Projekte aufgenommen wurde. Nicht nur die hohe Zahl an teilnehmenden Schüler*innen beeindruckt an diesem Wettbewerbsbeitrag, sondern vor allem die Form: Sie vermag sowohl die individuellen Wünsche der Kinder abzubilden als auch eine gemeinsame Vision der Schulgemeinschaft in Gestalt des aus Einzelbildern zusammengesetzten Schulhauses zu entwickeln. Das Dokumentationsvideo mit Interviews der beteiligten Kinder vermittelt einen lebhaften Eindruck von dem Elan und der Kreativität, mit denen die Kinder ihre Ideen sammelten. Hanna und Luise formulierten ihre Forderung so: »Für starke Kinder muss die Schule Spaß machen!« Dem ist nichts hinzuzufügen.

4. Deutsche Internationale Schule Den Haag

Die Einsendungen der Schüler*innen der Deutschen Internationalen Schule Den Haag (Niederlande) schafften es in die Liste der von der Jury nominierten Beiträge. Die Schüler*innen werfen in Form von Gedichten und Kurzgeschichten eine sehr dichte und zum Teil aufwühlende, kritische Perspektive auf die heutige Schule und mögliche Zukunftsszenarien. Einer dieser Texte ist die Kurzgeschichte von Maria Viertel Serrano aus der 8. Klasse. Ohne viel Kontext und umständliche Details schafft sie es, die bedrohliche Stimmung in einer öko-dystopischen Zukunft aus der Perspektive einer Schülerin zu beschreiben. Der Beitrag greift dabei Motive der Zukunftsangst und Resignation auf, wie sie auch in einigen anderen Einsendungen in unterschiedlicher Intensität zum Ausdruck kommen.

5. International School Braunschweig-Wolfsburg

Dieses Bild stammt von Pranav Ramakrishnan, Schüler an der International School Braunschweig-Wolfsburg. Es ist eines von mehreren Bildern, die Schüler*innen der Klassen 1 bis 5 unter dem Motto »My Future School« erstellten. Das farbenfrohe Werk illustriert Vorstellungen, die von Grundschüler*innen auch anderer Schulen eingebracht wurden: der Wunsch nach Rutschen, einer Bibliothek, grünen Räumen (hier: ein begrünter Innenhof), einem Technologiekabinett, stärkerer Nähe zur Lebenswelt (im Bild dargestellt durch die Präsenz von Baumaschinen), die Hoffnung auf Zeitreisen (im Bild durch den Dinosaurier repräsentiert). Grundtenor nahezu aller Einsendungen war der Wunsch – oder die Forderung –, dem viel zu oft grauen Schulalltag ein buntes, lebhaftes Lernleben entgegenzusetzen. Pranavs Bild symbolisiert diese Forderung durch seine bunten und vielgestaltigen Räume.

6. Bürgfeld-Gemeinschaftsschule, Welzheim

Nur alle zehntausend Jahre kommt die Schulfee auf ihrem rosa Einhorn und in Begleitung eines »Ideenklaugnoms« aus dem Kuhmist [!] auf die Erde, um den Kindern ihre Wünsche für eine bessere Schule zu erfüllen. Im Film *Die Schulfee – 12 Ideen für die Schule der Zukunft* erzählen die Schüler*innen der Klasse 5 der Bürgfeld-Gemeinschaftsschule in Welzheim von diesem außergewöhnlichen Ereignis. Mit einer beeindruckenden Souveränität spielen die Schüler*innen ihre Rollen. Sie lassen die Zuschauer*innen am Besuch der Schulfee teilhaben und demonstrieren, wie sich ihre Ideen verwirklichen lassen würden. Dazu zählen: sich austoben zu können, wann immer man will, Unterricht zu Themen, die sich die Schüler*innen wünschen, ein Raum voller aktueller Zeitungen und Magazine, um sich zu informieren – aber auch die handwerkliche Mitarbeit beim Hausmeister.

7. Gymnasium Heepen

Das Gedicht »Viel leichter« von Viviann aus der 9. Klasse am Bielefelder Gymnasium Heepen entstand im Rahmen des Poetry-Slams »Wort für Wort, Stein für Stein – Aufruf in die Zukunft!«, mit dem sich die Schule am Ideenwettbewerb beteiligte. Die dort entstandenen Gedichte wurden auch außerhalb der Schule öffentlich präsentiert: Ein gesellschaftlicher Wirkungsraum entfaltete sich, der weit über die Schulöffentlichkeit hinausging. Das Gedicht ist weder utopisch noch revolutionär. Es stellt einfache Forderungen, die – obwohl ihre Realisierung durchaus möglich wäre – in den seltensten Fällen tatsächlich umgesetzt werden. Viele der Gedanken, die hier in lyrische Form gegossen wurden, tauchen immer wieder in unterschiedlichen Beiträgen auf: so die Forderung nach einem späteren Schulbeginn, leichteren Rucksäcken und sinnvolleren Pausenregeln. Im Subtext schwingt das vielen Schüler*innen vertraute Spannungsverhältnis aus Lust auf Lernen und Frust an Schule mit.

8. Grundschule Bad Münder/KGS Bad Münder

Sieben Schüler*innen aus den Klassen 3 bis 5 der Grundschule Bad Münder/KGS Bad Münder produzierten unter dem Motto »Schule meets Zukunft« einen knapp siebenminütigen Film, der den futuristischen Schulalltag im Jahr 2051 darstellt. In der liebevoll und detailfreudig gestalteten Inszenierung wimmelt es nur so von fantastischen Ideen wie einem Roboterlehrer, einem mathematischen Sitzkreis, dem Besuch durch Marsianer (ein Lehrer der Schule stammt sogar vom Mars), einem Wunschbaumautomaten oder dem silbernen Teleportationstunnel, mit dem Schüler*innen zu anderen Planeten reisen können. Auch ein Raumschifflandeplatz darf nicht fehlen, denn zur Schule fliegen Schüler*innen und Lehrer-*innen im Jahr 2051 selbstverständlich mit Raumschiffen.

9. Berufskolleg für Grafik-Design Stuttgart

Dieses Bild kann nur einen kleinen Eindruck eines einmaligen Projekts vermitteln, in dem Schüler*innen des Berufskollegs Grafik-Design in Stuttgart vierundzwanzig Stunden am Stück geackert und gerackert haben, um ihr Konzept für die Schule der Zukunft zu erstellen. Der Gruppe ging es nicht nur darum, Ideen für die Zukunft zu entwickeln, sondern diese schon im Verlauf des Projekts auszuprobieren und zu präsentieren. Herausgekommen ist schließlich eine gebundene Dokumentation, die den 24-stündigen Arbeitsprozess sichtbar macht und zusätzlich zahlreiche innovative Ideen in einer ästhetisch überzeugenden Formensprache vermittelt. Von digitalen und analogen Raummodellen über die Schuljahresplanung mittels eigens programmierter App bis hin zu einer elaborierten Philosophie des modernen Schulsystems finden sich Unmengen an beeindruckenden Ideen.

10. Käthe-Kollwitz-Gymnasium, Lengenfeld

Sechs Jugendliche im Alter von sechzehn und siebzehn Jahren des Käthe-Kollwitz-Gymnasiums in Lengenfeld unterm Stein sandten ein Plakat an das Haus der Kulturen der Welt, auf dem »Manni der Mopp« abgebildet war. Dieser Mopp stellt einen Protest gegen den Leistungsdruck in der Schule dar, der es nicht zulässt, sich langwierigen künstlerischen Projekten zu widmen. Pointiert wird in dieser Einsendung ein zentrales, in vielen Beiträgen thematisiertes Problem des deutschen Schulsystems zum Ausdruck gebracht: überbordende Lehrpläne sowie von Schule und Hausaufgaben okkupierte Zeit, die keinen Freiraum lässt für selbstständiges, kreatives Lernen – oder auch mal ein unproduktiv-entspanntes Leben.

1. Smart School, Ausschnitt, © Gymnasium am Rotenbühl, Saarbrücken

2. Schule der Zukunft, © German School Kuala Lumpur

3. Weg zur Wunderschule, Filmstill, © Astrid-Lindgren-Schule, Landenburg

UNSERE SCHULE!
IDEENWETTBEWERB
ANMELDEFORMULAR

Titel des Beitrages / der Idee:

~~Kathas~~ Katastrophe Nummer 8

Kurze Beschreibung des Beitrages / der Idee: (bis 1000 Zeichen)

Im Rahmen des Deutschunterrichts wurde die Unterrichtsreihe „Kurzgeschichten" behandelt. Das hielten wir für eine gute Möglichkeit uns am Wettbewerb zu beteiligen.

Vorname, Zuname und Alter des/der Einreichenden bzw. des/der Vertreter*in der Gruppe:

Maria Viertel Serrano   13 Jahre

(wenn Gruppenbeitrag) Vornamen, Zunamen und Alter der Mitglieder der Gruppe:

Name und Adresse der Schule:

Deutsche internationale Schule Den Haag
Van Bleiswijkstraat 125
2582 LB Den Haag

Klasse: 8a

4. Formular, © Maria Viertel Serano, Deutsche Internationale Schule Den Haag

5. My Future School, © Pranav Ramakrishan / International School Braunschweig-Wolfsburg

6. Die Schulfee, Filmstill © Bürgfeld-Gemeinschaftsschule, Welzheim

Viel leichter

Okay, also erste Frage:
Was. Ist. Schule?
Man lernt, ja okay ...
Aber man lernt nichts, was mir jetzt weiterhelfen würde.
Ich meine, habe ich schon mal was übers Steuern zahlen gehört?
Oder was man macht, wenn man einfach absolut keine Ahnung hat, wie man etwas kocht?
Ja richtig, die wichtigen Dinge im Leben werden uns nicht erklärt.
Eher solche Sachen wie, wie rechne ich die Wurzel von 2564 aus oder welche Metaphern sind in welchen Gedichten zu finden.
Ich finde es viel cooler, wenn wir lernen könnten, was wir wollen und wo wir wollen.
Ich wäre tausendmal besser, wenn ich ausschlafen könnte.
Ich wäre tausendmal besser, wenn ich mit Freunden arbeiten könnte.
Man muss so viel schreiben, wieso ersetzt man nicht alles durch Tablets oder Laptops?
Man könnt's so viel leichter haben.
Wieso gibt es nicht so Sachen wie Schwämme, die die Tafel von selber putzen.
Stellt euch vor, wir hätten Rolltreppen statt Treppen oder man wird auch versetzt, wenn man zwei Fünfen hat.
Man könnt's so viel leichter haben.
Und dann die Pausen.
Im Sommer sind die Pausen gut, dagegen sag ich nichts, aber im Winter ...
Es ist so scheiße kalt.
Meine Hände frieren ein.
Meine Füße frieren ein.
Ich mein, ich bin in der neunten Klasse, es fehlt nicht mehr viel bis zur Oberstufe, also wieso darf ich nicht einfach auch rein gehen.
Man könnt's so viel leichter haben.
Ich denke, das wird's jetzt alles noch nicht geben, aber bitte, bitte lasst die Kinder, die nach mir kommen, die wichtigen Dinge im Leben lernen.
Lasst sie ausschlafen.
Lasst sie mit Freunden arbeiten.
Lasst sie mit Laptops arbeiten,
weil ich glaube, ehrlich, dass ich später mal Rückenprobleme kriege vom Tragen der ganzen Bücher und so.
Und dann, liebe Lehrer, überlegt euch mal, wieso die Schüler keine Lust auf Schule haben.
Doch das Wichtigste für mich: Lasst die Kinder im Winter in den Pausen rein, weil auf eingefrorene Hände und Füße hat, glaub ich, keiner wirklich Lust.
Nehmt euch das zu Herzen, liebe Lehrer, denn ihr habt's ja gut und dürft drinnen bleiben in den Pausen.
Man könnt's so viel leichter haben, in der Schule der Zukunft. Viviann

7. Gedicht »Viel leichter«, © Viviann / Gymnasium Heepen

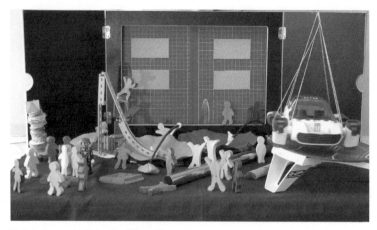

8. Schule meets Zukunft, Filmstill
 © Joas van Cattenburg / Grundschule Bad Münder / KGS Bad Münder

9. Raummodell über die Schuljahresplanung,
 © Kolping Bildungswerk, Berufskolleg für Grafik-Design Stuttgart

10. Plakat »Manni der Mopp«
© Käthe-Kollwitz-Gymnasium, Foto: Roxanne Vierhaus/Vanessa Banspach

Ein Gespräch zwischen Robert Behrendt, Catherine Burke,
Keri Facer, Silvia Fehrmann, Luis Armando Gandin, Maj Hasager
und Robert Pfützner

SCHULEN ALS
MÖGLICHKEITSRAUM

Silvia Fehrmann: Seit dem Start unseres Projekts »Schools of Tomorrow« im Sommer 2017 ist kaum ein Jahr vergangen, aber die Welt hat sich in dieser Zeit radikal verändert, und wir stehen angesichts der politischen Situation vor gänzlich neuen Herausforderungen. Wie würden Sie als Lehrkräfte oder Eltern mit den derzeitigen Entwicklungen umgehen?

Keri Facer: Wir müssen uns tatsächlich darüber im Klaren sein, dass Schüler*innen in einer angsterfüllten Welt leben beziehungsweise in einer Welt, in der sie geradezu ermutigt werden, Angst vor anderen Menschen zu haben. Die Schule ist andererseits einer der letzten öffentlichen Orte, an denen wir über alle Unterschiede hinweg Gespräche führen können, und deshalb scheint es mir umso wichtiger, diesen Raum zu nutzen, um mit unseren Schüler*innen über das zu reden, was ihnen Angst macht, welche Hoffnungen sie haben – und das ausführlich genug, um die Frage zu stellen, was wir tun können.

Ich glaube, eines der größten Probleme ist das, was Naomi Klein als »Schock-Strategie« bezeichnet hat: die Strategie, so viele Dinge an so vielen Orten anzuheizen, dass die Menschen nicht mehr wissen, wo sie ansetzen sollen. Tatsache ist aber, dass man dort handelt, wo man sich befindet, und Lehrer*innen befinden sich an einem unglaublichen Ort. Wenn man dort – im öffentlichen Raum – aktiv wird, schließen sich andere Leute an, die an anderen Orten handeln. Wir dürfen nicht vergessen, welche Macht wir haben. Wir sollten also nicht so tun, als ob das, was draußen in der Welt passiert, zu übermächtig ist, als dass wir es angehen könnten. Tatsächlich brauchen wir jetzt genau das: Schulen, die als öffentlicher Raum fungieren und weitere öffentliche Räume generieren.

Silvia Fehrmann: Im letzten Jahrzehnt hat es in Lateinamerika eine Reihe von Projekten gegeben, die Schule als öffentlichen Raum etablierten. Nehmen wir etwa die Escola da Cidadania, die

Bürger*innenschule in der brasilianischen Stadt Porto Alegre, bei der alle Beteiligten – Lehrkräfte, Eltern, Schüler*innen – zusammen über den Lehrplan entschieden haben. Luis Armando Gandin, was hat Ihre Auswertung dieses Vorhabens ergeben, gibt diese Erfahrung Anlass zur Hoffnung?

Luis Armando Gandin: Wir sind gerade dabei, uns alles noch einmal anzuschauen, und wir suchen nach den Beispielen in diesen besonderen Erfahrungen, in denen Demokratie gelebt wurde. Diese Erfahrungen möchten wir sichtbar machen, denn Sichtbarkeit bedeutet auch Hoffnung. Wir leben in einer Gesellschaft, genau genommen in einer Welt, die nicht viel Raum für Hoffnung lässt. Deshalb müssen wir die öffentlichen Räume nutzen, die die Schulen bieten. Und genau das tun die Lehrkräfte in der Stadt Porto Alegre. Anstatt sich darauf zu berufen, dass alles in Ordnung war, als wir noch eine Regierung hatten, die uns unterstützte, müssen wir heute genau das Gegenteil machen, müssen uns sagen: »Wir haben etwas geschaffen, und darauf werden wir weiter aufbauen.« Hoffnung hat eine große Macht, aber wir dürfen sie nicht romantisch betrachten. Hoffnung, die sich der Hindernisse bewusst ist, kann und muss Alternativen schaffen und dokumentieren. Meiner Ansicht nach ist dies wohl das wichtigste politische Projekt unserer Zeit: zu dokumentieren, wo Hoffnung gedeiht.

Silvia Fehrmann: Wenn wir unsere Diskussion um die Frage erweitern, was Kunst in den Schulen zu diesen Themen beitragen kann, wie wäre Ihre Ansicht dazu? Geht die Kunst auf diese Unsicherheit ein?

Maj Hasager: Aus meiner Sicht wäre es sehr weit hergeholt, das zu behaupten. Ich würde aber sagen, dass Kunst dazu beitragen könnte, einen Raum für alternative Diskussionen zu eröffnen. Wenn ich von »alternativ« spreche, meine ich nichts, was man nebenbei erledigt, sondern etwas, in das man sich richtig hineinkniet.

Zum Beispiel, indem man das Material erlebbar macht oder bestimmte Methoden in der Kunst anwendet. Ich denke, das ist äußerst wichtig, wenn es darum geht, die bestehenden Strukturen aufzubrechen, um eine andere Denkweise, eine andere Art des Seins anzubieten. Das kann kompliziert sein, und es kann frustrierend sein – es kann alles sein, aber es eröffnet einen Möglichkeitsraum.

Silvia Fehrmann: Zu den Dingen, die zu akzeptieren wir mittlerweile gelernt haben, gehört die Asymmetrie von Erwartung und Realität. Heute zum Beispiel hat sich ein Schulworkshop, der einen Demokratisierungsprozess in Gang setzen sollte, in eine Aggressionstherapie verwandelt. Müssen Projekte der politischen Bildung heute einüben, wie man mit Wut und Angst umgeht?

Robert Behrendt: Tatsächlich war das gerade eben in einem Workshop der Fall. Die Kinder sollten den Unterricht selbst abhalten, ich war nur da, falls sie mich brauchen. Dann gab es einen Hilferuf – was ich für eine gute Erfahrung halte: zu sehen, wie es sein kann, wenn man unterrichtet. Es ist anstrengend, und manchmal gibt man der Gruppe nach, denn wenn man das nicht tut, ist es noch anstrengender, *dagegen* arbeiten zu müssen. Ich habe übernommen, worüber sie ziemlich froh waren, obwohl ich sehen konnte, dass sie gleichzeitig enttäuscht waren, es nicht selbst geschafft zu haben. Auch das war meiner Ansicht nach ein Lernprozess, zu sehen, was es heißt, Lehrer*in zu sein. Letztendlich habe ich sie dazu ermuntert, in den sozialen Medien auch von ihrem Ärger zu erzählen, denn das gehört zum Lernprozess dazu.

Silvia Fehrmann: Catherine Burke, Sie scheinen von uns allen die optimistischste zu sein. Wie würden Sie die Situation heute beurteilen?

Catherine Burke: Wir leben in der realen Welt, und die Frage ist, wie sollte Bildung organisiert sein, um mit Kindern zu arbeiten, die ja äußerst verletzlich sind, ob sie nun 4, 14 oder 18 Jahre alt sind. Sie haben über Angst gesprochen: Es herrscht ein großes Bewusstsein für Fragen der psychischen Gesundheit und das Gefühl, dass Kinder zu kämpfen haben. Junge Menschen haben an der Schule zu kämpfen, und auch später, wenn sie an die Hochschule wechseln, wird es nicht viel besser. Das hat meiner Ansicht nach mit der Welt zu tun, in der wir leben. Ich weiß nicht, ob es uns lediglich bewusster ist oder ob wir genauer hinschauen, aber zugenommen hat es in jedem Fall.

Wie also könnten unsere Lösungen aussehen? Wir haben viel über Raum und viel über Lehrpläne und Wissen gesprochen. Besonders beeindruckt war ich von den Projekten im Rahmen der »Schools of Tomorrow«, die sich aus der Schule herausbewegt haben, um eine Verbindung mit ihrem Umfeld herzustellen. Man könnte sagen, die Nachbarschaft wird wieder Teil der Schule. In meinem Land, Großbritannien, werden Schulen leider immer mehr zu Festungen, mit Elektrozäunen außen herum; es gibt keine Möglichkeit mehr, einfach so rein- und rauszugehen.

Neben Raum und Ort ist aber auch die Zeit ein wichtiger Faktor. Mir ist aufgefallen, wie viele der Kinder, die ihre Ideen im HKW vorgestellt haben, über Zeit gesprochen haben, darüber, dass sie gern Zeit draußen verbringen würden. Sie wünschten sich mehr Zeit, um nachzudenken, und Orte, an denen sie das tun können. Und Zeit ist sehr wichtig, denn Zeit ist auch ein Gestaltungsaspekt. Wir gestalten Zeit, wenn wir ein Curriculum planen. Das Verhältnis zwischen Zeit, Raum und Menschenleben ist sehr wichtig, das sollten wir nicht vergessen.

Silvia Fehrmann: Robert Pfützner, Sie hatten Einblick in all die Einsendungen zum Ideenwettbewerb »Unsere Schule!« Anfang 2018. Schüler und Schülerinnen aus der ganzen Welt waren eingeladen, ihre Wünsche und Ansprüche an die Schule der Zukunft einzureichen. Gab es bei der Durchsicht der eingesandten Materialien Momente, in denen Sie dachten, gewisse Einsendungen seien symptomatisch für diesen historischen Moment, oder hatten Sie eher den Eindruck historischer Kontinuitäten?

Robert Pfützner: Ich bin vermutlich nicht der optimistischste Mensch hier in der Runde. Ich arbeite drei Tage die Woche an einer Schule: Es gibt Freiräume an Schulen, aber auch hierarchische Machtverhältnisse, die nicht in Frage gestellt werden dürfen. Meiner Ansicht nach hat sich dieser Aspekt auch in den Ideen der Kinder gezeigt. Der Wunsch, Teil einer Gesellschaft zu sein, ist offensichtlich, gleichzeitig breitet sich das Gefühl aus, dass diese Gesellschaft nicht funktioniert. Für mich trat dieser Widerspruch in vielen Ideen offen zutage. Wir wollen weniger Stress, mehr Freizeit, Räume, in denen wir uns bewegen können, und Räume, in denen wir schlafen können. Der Wunsch, Teil der Schule zu sein, der Wunsch, die Anforderungen der Schule und des Arbeitsmarktes zu erfüllen, die Wünsche, die sie beim Wettbewerb präsentiert haben, waren für mich eine Art Heterotopie. Es fühlte sich an, als ginge es um einen Ort, an den man gehen kann, um sich zu entspannen und danach wieder in die Gesellschaft einzutreten. Die Frage, die sich mir stellte, war: »Ist unsere Frage die richtige Frage, oder müssen wir über die Schule generell nachdenken?« Ivan Illich hat bereits vor 40 Jahren über die Entschulung der Gesellschaft geschrieben. Vielleicht ist die Frage, wie wir lernen wollen, eine bessere Frage, als darüber nachzudenken, wie wir Schulen neu gestalten können.

Silvia Fehrmann: Die Frage sollte also anders lauten? Wie wollen wir lernen? Wie wollen wir die Gesellschaft entschulen?

Luis Armando Gandin: Ich glaube nicht, dass es um ein Entweder/Oder geht. Wir sollten nicht wählen müssen zwischen einer demokratischen Erfahrung an den Schulen und einem sehr effektiven, umfassenden Curriculum, das sich den Fragen unserer Zeit widmet. Ich denke, wir müssen diese beiden Dinge verbinden. Andernfalls wird die Schulzeit keine sehr erfüllende Erfahrung sein. Wir sind dafür verantwortlich, die Rolle unserer Fächer zu überdenken. Wir müssen neue Instrumente entwickeln, um die aktuellen Probleme anzugehen. Aber wir müssen es auf demokratische Weise tun. Es besteht keine Notwendigkeit, sich zwischen Demokratisierung und Lernerfolg zu entscheiden. Ich bin mir ziemlich sicher, dass beides geht.

Keri Facer: Dazu kommt, dass die vorhandenen Institutionen nach wie vor zu mächtig sind, um sie hinter sich zu lassen. Wenn ich mich umschaue, sehe ich, dass es überall auf der Welt Gruppen gibt, die die Wahl haben zu gehen, und andere, die diese Wahl nicht haben. Eine echte Herausforderung, die sich bei der Entschulung stellt, die ich sehr schätze und begrüße, ist die Frage nach einer neuen Form von Institutionen. Wenn ich davon spreche, Schulen als öffentliche Orte zu denken, ist mir durchaus klar, dass sie das derzeit nicht sind, aber sie haben das Potenzial dazu. Die Frage ist, wo sich diese Hoffnungsräume finden lassen.

Was nun die Herausforderungen der nächsten Jahre angeht, sollten wir nicht die Kinder dazu bringen, Fragen der Nachhaltigkeit anzugehen, denn das ist *unser* Problem hier und jetzt. Wir müssen die Kohlendioxidemissionen in den nächsten acht Jahren um 70 Prozent reduzieren, wenn wir das Pariser Klimaabkommen erfüllen wollen. Das ist nicht die Aufgabe einer Gruppe von Kindern, die Gemüse anpflanzen, wie wichtig das auch sein mag. Es ist unsere Aufgabe, jetzt etwas dafür zu tun. Die Schule ist aber ein Ort, über den wir so viele andere Themen verhandeln können, und wir müssen sie als Möglichkeitsraum offenhalten.

Silvia Fehrmann: Wie Erwachsene über Schule nachdenken, hat immer mit ihrer eigenen Schulerfahrung zu tun. Was mich in diesem Projekt angetrieben hat, ist die Erfahrung, wie das Schulwesen nach der Militärdiktatur in Argentinien neu aufgebaut wurde. Das Schwierige in Deutschland ist, dass wir jede Hoffnung verloren haben, Institutionen aufbauen, wiederaufbauen oder umgestalten zu können.

Keri Facer: Man könnte sagen, dass die Tradition der Studentenstreiks uns weltweit abhandengekommen ist, und ich glaube wirklich, dass es an der Zeit ist, Studierende und junge Menschen in der Schule zu unterstützen, einen Teil des Unterrichts, den sie erhalten, abzulehnen, Unterricht abzulehnen, der ihnen psychische Probleme einbringt, ohne ihnen die Möglichkeit zu geben, Dinge anzusprechen, die ihnen auf den Nägeln brennen. Ich denke, es wäre an der Zeit, ihnen zu der Erkenntnis zu verhelfen, dass sie Rechte haben und dass eines dieser Rechte darin besteht, Unterricht zu erhalten, der es ihnen ermöglicht, in dieser Welt zu leben.

Aus dem Englischen von Anja Schulte

DAS SCHÜLER*INNEN-MANIFEST

Mit dem Schüler*innen-Manifest, das bei einem »Testlauf für die Schule der Zukunft« im Juni 2018 im Haus der Kulturen der Welt präsentiert wurde, bekamen die Stimmen der Schüler*innen Gehör. Nicht nur Politiker*innen, Lehrer*innen und Bildungsexpert*innen sollten über die Schulen der Zukunft diskutieren, sondern diejenigen, die in ihnen leben und lernen: Die Schüler*innen!

1. **Respekt!**
- *Keine Diskriminierung.* Wir fordern, dass an Schulen keine Diskriminierung stattfindet. Denn jeder Mensch ist gleich und hat ein Recht auf Bildung.
- *Internationales Lernen.* Wir wünschen uns, mit Schüler*innen aus anderen Ländern gemeinsam zu lernen und zu kooperieren, damit wir verschiedene Kulturen aus nächster Nähe kennenlernen.
- *Lernpartnerschaft.* Wir wollen von Lehrer*innen respektiert und nicht ungerecht behandelt werden, denn wir haben ein Recht auf Gleichbehandlung.

2. **Leistungen unserer Wahl!**
- *Kein Leistungsdruck.* Wir fordern, dass der Leistungsdruck gesenkt wird. Viele Schüler*innen haben Angst vor Tests, Klausuren oder Präsentationen, doch wir wollen mit Freude lernen.
- *Wahlfächer.* Wir wollen aus mehreren unterschiedlichen Fächern wählen können. Neue Fächer könnten z. B. Logik, Steuererklärung oder Erste Hilfe sein.

3. **Hygiene tut gut!**
Wir fordern saubere Toiletten. Viele Schultoiletten sind so dreckig, dass nur wenige Schüler*innen sich überwinden können, sie zu nutzen.

4. Praktisch ist besser!

Wir fordern mehr praktischen Unterricht. Denn wir wollen lernen, wie die Sachen wirklich sind, nicht wie sie theoretisch sein sollten.

5. Eine komfortable Schule!

- *Kleinere Klassen.* Wir wünschen uns kleinere Klassengemeinschaften mit 10 bis 18 Schüler*innen, damit Lehrer*innen besser auf einzelne Schüler*innen eingehen können.
- *Schöne Räume.* Wir wollen schöne, große und moderne Räume mit hellen Fenstern, damit wir nicht in unseren zu engen Zimmern sitzen müssen.
- *Digitalisierung.* Wir wollen digitale Bücher. Denn viele Bücher sind zu dick und schwer. Wir wünschen uns Smartboards in jedem Fachraum, denn sie sind praktischer und bieten mehr Möglichkeiten als Tafeln. Allerdings brauchen wir dafür auch Lehrer*innen, die sich mit Technik auskennen.
- *Spinde.* Wir fordern einen Spind für jede*n Schüler*in, um nicht jeden Tag die ganzen Schulsachen tragen zu müssen.
- *Klima.* Wir brauchen in unseren Räumen Klimaanlagen, da es im Sommer zu heiß in den Klassenzimmern wird und wir uns nicht konzentrieren können.
- *Sicherheit.* Wir brauchen mehr Sicherheit an unseren Schulen, damit nicht mehr so oft eingebrochen wird und die Sachen kaputtgemacht werden.

6. Gesunde Ernährung!

Wir wünschen uns Wasserspender für frisches Wasser und gesundes Bio-Essen in der Schule. Denn wegen des schlechten Essens essen viele Schüler*innen in der Schule nicht und können sich im Unterricht dann nicht konzentrieren. Außerdem wollen wir den Speiseplan mitbestimmen, damit das Essen abwechslungsreicher wird.

7. Mehr Natur in der Schule!
- *Schulgarten.* Wir brauchen einen Schulgarten in jeder Schule und für jede Klasse ein eigenes Beet. Dort können wir Obst und Gemüse anbauen, das dann für das Schulessen genutzt wird.
- *Unterricht draußen.* Wir brauchen mehr Unterricht in der Natur. Das sorgt für abwechslungsreicheren Unterricht und bessere Konzentration.

8. Fit sein muss sein!
Wir fordern, dass der Unterrichtsbeginn später stattfindet. Wenn wir nicht so früh zur Schule müssten, würden Schüler*innen und Lehrer*innen nicht immer so müde zum Unterricht kommen und könnten sich besser konzentrieren.

9. Sport ist nicht Mord!
- *Mehr Bewegung.* Wir wollen mehr Sportunterricht und Bewegung in der Schule. Denn an den meisten Tagen sitzen wir nur im Klassenzimmer, da wäre Sport keine schlechte Idee.
- *Neue Sportarten.* Wir wünschen uns neue, abwechslungsreiche und spaßige Sportarten: zum Beispiel eine Quidditch-AG.

Der Ideenwettbewerb, aus dem u. a. dieses Manifest hervorging, war ein Projekt des Hauses der Kulturen der Welt und der ZEIT Verlagsgruppe unter der Schirmherrschaft des Bundespräsidenten, in Zusammenarbeit mit der Zentralstelle für das Auslandsschulwesen.
Der Ideenwettbewerb hat einen Vorläufer: In den Jahren 2001 und 2011 veröffentlichte die britische Zeitung *The Guardian* zwei »Children's Manifestos«, die aus zwei »The School I'd Like«-Wettbewerben hervorgingen. Das Konzept wurde mit freundlicher Genehmigung von Dea Birkett übernommen und vom Haus der Kulturen der Welt weiterentwickelt.

Die Herausgeberin

Silvia Fehrmann ist Literaturwissenschaftlerin und Übersetzerin. Seit 2018 leitet sie das Berliner Künstlerprogramm des DAAD. Davor leitete sie von 2008 bis 2017 den Bereich Kommunikation am Haus der Kulturen der Welt, wo sie ab 2012 auch das Programm der Kulturellen Bildung verantwortete. In ihrer Geburtsstadt Buenos Aires war sie als Journalistin und Kulturmanagerin tätig, lehrte an der Universidad de Buenos Aires und arbeitete am örtlichen Goethe-Institut. Nach einer Station in New York als Kulturkorrespondentin argentinischer Medien leitete sie von 2004 bis 2007 die Öffentlichkeitsarbeit der Volksbühne am Rosa-Luxemburg-Platz, Berlin. Sie ist Ko-Sprecherin des Rats für die Künste Berlin und Mitglied des Historischen Beirats Berlins. Silvia Fehrmann kuratierte das Projekt »Schools of Tomorrow«, auf das dieser Band zurückgeht.

Die Beiträger*innen

Robert Behrendt ist Philosoph und seit 2011 in der politischen Jugendbildung tätig. Drei Jahre lang koordinierte er das Berliner jugendFORUM und machte sich für die Beteiligungsanliegen junger Menschen in Berlin stark. Seit 2015 arbeitet er u. a. für den Verein »mediale pfade« in den Bereichen Online-Journalismus und Webvideo und koordiniert hier vor allem das Netzwerk bewegtbildung.net, das zu politischer Bildung mit Webvideo arbeitet. Weitere Schwerpunkte seiner Arbeit sind Formatentwicklungen zu Online-Beteiligung und Jugendredaktionen, Fortbildungen zu den Themen Hatespeech, Bewegtbild und ePartizipation.

Gert Biesta ist Professor of Public Education an der Maynooth University, Irland, Professor for Education an der University of Humanistic Studies, Utrecht, sowie Visiting Professor am NLA University College, Bergen, und der University of Agder, Kristiansand und Grimstad, in Norwegen. Seine Schwerpunkte sind Theorie und Philosophie der Bildung und Bildungspolitik sowie der Bildungs- und Gesellschaftsforschung. Insbesondere interessieren ihn Fragen der Demokratie und Demokratisierung. Biesta gehört dem Bildungsrat der Niederlande (dem beratenden Gremium von Regierung und Parlament der Niederlande) an und ist Herausgeber der Zeitschrift *Educational Theory*.

Catherine Burke ist Dozentin für Bildungs- und Kindheitsgeschichte an der University of Cambridge. Sie forscht und publiziert zu Architektur und Kulturgeschichte der Bildung, Geschichte von Netzwerken der Bildungsreform, Einbezug von Kindern in die Unterrichtsgestaltung und Geschichte kreativer Erziehungsmethoden. Ziel ihrer Arbeit ist, angesichts gegenwärtiger Schulreformen ein historisches Bewusstsein zu schaffen. Sie gehört den Redaktionskomitees mehrerer Zeitschriften an und leitet das Ressort »Sources and

Interpretations« des Magazins *History of Education*. Sie war von 2013 bis 2016 Vorsitzende der britischen History of Education Society und ist Mitherausgeberin der Buchreihe *Routledge Progressive Education*.

Luis Camnitzer ist Künstler, Autor, Kritiker, Lehrer und Kunsttheoretiker. Er war in den 1960er Jahren unter den Vorreitern der Konzeptkunst und arbeitete hauptsächlich mit Drucken, Skulpturen und Installationen. In seinen Arbeiten erkundet er Themen wie soziale Ungerechtigkeit, Unterdrückung und Institutionenkritik. Seine Texte umfassen zynische Manifeste, persönliche Darstellungen der Geschichte lateinamerikanischer Konzeptkunst, Texte zum Postkolonialismus und Multikulturalismus (der 1980er und 1990er Jahre) sowie zuletzt Essays und Vorlesungen zur Kunsterziehung und zum Begriff des »art thinking«.

John Dewey (1859–1952), Philosoph, Pädagoge und Psychologe, gilt als bedeutendster Vertreter des amerikanischen Pragmatismus und hat als Philosoph und Erzieher den Fortschritt der Pädagogik, der Rechtsentwicklung, der Wissenschaft und der Politik in den Vereinigten Staaten entscheidend beeinflusst. 1915 entwickelte er in seiner wegweisenden Publikation *Schools of To-Morrow* gemeinsam mit seiner Tochter **Evelyn Dewey** seine Erziehungstheorie entlang einer Reihe von Schulexperimenten in den USA. Bis in die Gegenwart wirkt sein pädagogischer Ansatz fort, der Schüler*innen auf die aktive Mitgestaltung der Gesellschaft vorbereiten soll.

Keri Facer, Professor of Educational and Social Futures an der University of Bristol und Zennström Professor of Climate Change Leadership an der Universität Uppsala, erforscht die Beziehungen zwischen Universitäten, Schulen und Gesellschaft. Ihr Fokus liegt dabei auf einem besseren Verständnis der Folgen möglicher künftiger wirtschaftlicher, ökologischer und technologischer Wandlungsprozesse für das Verhältnis zwischen Schule und Gesellschaft. Dieses Thema ist auch Gegenstand ihres Buchs *Learning Futures: Education,*

Technology and Social Change (2011). Keri Facer gehört zum Herausgeberteam der Zeitschriften *Futures, Journal of Media and Technology* und *Journal of Sociology of Education*. Seit 2013 ist sie Leadership Fellow im Connected Communities Programme des Research Council UK.

Luis Armando Gandin ist Professor für Bildungssoziologie an der Universidade Federal do Rio Grande do Sul und war u. a. Gastprofessor an der University of Wisconsin-Madison und dem Lemann Center der Stanford University Graduate School of Education. Er forscht zu den Themen Bildungspolitik und -reformen, Lehrpläne und demokratische Bildung, insbesondere zum Projekt *Bürger*innenschule* in Porto Alegre, Brasilien. Luis Armando Gandin ist Herausgeber der Zeitschriften *Educação & Realidade* und *Currículo sem Fronteiras*. Zu seinen Buchveröffentlichungen zählen *The Routledge International Handbook of Critical Education* (2009) und *The Routledge International Handbook of the Sociology of Education* (2009).

Maj Hasager ist Programmleiterin der Critical and Pedagogical Studies (MFA) an der Malmö Art Academy. Sie hat Fotografie und Kunst in Dänemark, Schweden und Großbritannien studiert. Hasagers künstlerischer Ansatz ist recherchebasiert, dialogorientiert und interdisziplinär. Sie arbeitet hauptsächlich mit Text, Ton, Video und Fotografie. Neben zahlreichen internationalen Künstlerresidenzen und Stipendien war sie außerdem Gastdozentin an der International Academy of Art Palestine, dem Dar al-Kalima College, dem Barbados Community College, Bridgetown, der Sacramento State University, Bethlehem, und der University of Ulster, Belfast.

Sharon Dodua Otoo ist Schwarze Britin, Mutter, Aktivistin und Autorin. (»Schwarz« wird als politischer Begriff verstanden und daher mit großem S geschrieben). Sie ist zudem Herausgeberin der englischsprachigen Buchreihe *Witnessed* in der edition assemblage. Ihre Novellen *die dinge, die ich denke, während ich höflich lächle* und *Synchronicity* erschienen zuletzt 2017 beim

S. Fischer Verlag. Mit dem Text »Herr Gröttrup setzt sich hin« gewann Otoo 2016 den Ingeborg-Bachmann-Preis.

Robert Pfützner ist Pädagogik-Dozent an der BEST-Sabel Berufsakademie/Fachschule für Sozialpädagogik, Berlin, und Lehrbeauftragter an der TU Darmstadt sowie der Universität Hildesheim. Von 2013 bis 2016 war er Doktorand und Lehrbeauftragter an der Junior-Professur für Vergleichende Pädagogik der Universität Jena. Seine Forschungsschwerpunkte umfassen Bildungsgeschichte und -theorie, aber auch Fragen von Demokratie in der Schule, Interkulturalität, den Zusammenhang von Erziehung und Raum, aktuelle Diskurse über Reformpädagogik und die Geschichte und Gegenwart deutscher Auslandsschulen. Im Schuljahr 2012/13 war er Schulleiter der Deutschen Schule Bukarest.

Katie Salen Tekinbaş ist Professor of Game Design an der DePaul University, Chicago, und Chief Design and Research Officer am Institute of Play, einer gemeinnützigen Bildungsorganisation mit Schwerpunkt auf Spielen und Lernen. Außerdem ist sie Mitbegründerin und Chefdesignerin von Connected Camps, einer Online-Lernplattform, die von jugendlichen *Minecraft*-Spezialisten entwickelt wird. Ihr Interesse gilt der der Transformationskraft des Spielens. Katie Salen Tekinbaş ist Ko-Autorin von *The Game Design Reader* (2005) und *Quest to Learn: Growing a School for Digital Kids* (2010) und Herausgeberin von *The Ecology of Games: Connecting Youth, Games, and Learning* (2007).

Daniel Seitz hat 2008 »mediale pfade« gegründet, um neue Wege des Lernens und der Beteiligung in einer digitalen Gesellschaft zu begehen. Als Aktivist für eine freie, politisierte und verantwortungsbewusste Gesellschaft und Medienpädagoge ist er überzeugt, dass Medienbildung einen wichtigen Anteil zu politischer Teilhabe, Selbstentfaltung und Kreativität leisten kann. Daniel Seitz engagiert sich im Bündnis #unteilbar, er ist Autor bei netzpolitik.org und Medienpädagogik Praxisblog, seine zentralen Themen sind Hacker*innen-Kultur, Coding+Making sowie Webvideo.

Franciska Zólyom, Kunsthistorikerin und Kuratorin, arbeitete zunächst am Ludwig-Museum in Budapest. Nach einem Arbeitsstipendium am Hamburger Bahnhof Berlin war sie von 2006 bis 2009 Leiterin des Instituts für zeitgenössische Kunst in Dunaújváros, Ungarn. Dort arbeitete sie mit internationalen Künstler*innen an ortsspezifischen und kontextbezogenen Projekten, außerdem initiierte sie künstlerische Forschungen zu lokaler Geschichte und zur räumlichen Situierung von Ideologien. Seit 2012 ist sie Leiterin der Galerie für Zeitgenössische Kunst in Leipzig, wo sie sich u. a. mit möglichen Lernformen in der Kunst beschäftigt. 2019 ist sie Kuratorin des Deutschen Pavillons auf der Venedig-Biennale.

Herausgeberin: Silvia Fehrmann
Wissenschaftliche Mitarbeit: Kirsten Einfeldt
Redaktion: Martin Hager, Kirsten Einfeldt, Olga von Schubert
Koordination: Olga von Schubert, Olga Sievers, Veronika Gugel
Projektleitung »100 Jahre Gegenwart«: Annette Bhagwati
Gestaltung und Satz: Laura Fronterré
Herstellung: Hermann Zanier, Berlin
Druck und Bindung: Pustet, Regensburg
Papier: Schleipen Fly 05, 120 g/m²
Schrift: FF Meta von Erik Spiekermann, Diogenes von Ludwig Übele

ISBN 978-3-95757-412-1

© 2019 Haus der Kulturen der Welt
© 2019 MSB Matthes & Seitz Berlin Verlagsgesellschaft mbH

Schools of Tomorrow erscheint
im Verlag Matthes & Seitz Berlin
Göhrener Straße 7
10437 Berlin
www.matthes-seitz-berlin.de

Haus der Kulturen der Welt
John-Foster-Dulles-Allee 10
10557 Berlin
www.hkw.de

Schools of Tomorrow ist der 9. Band der *Bibliothek 100 Jahre Gegenwart* und Teil von »100 Jahre Gegenwart«, einem Projekt des Hauses der Kulturen der Welt, ermöglicht durch eine Sonderförderung des Deutschen Bundestags und der Beauftragten der Bundesregierung für Kultur und Medien.

Das Haus der Kulturen der Welt wird gefördert von

 Die Beauftragte der Bundesregierung für Kultur und Medien

 Auswärtiges Amt

Das Haus der Kulturen der Welt ist ein Geschäftsbereich der Kulturveranstaltungen des Bundes in Berlin GmbH (KBB).

Vorsitzende des Aufsichtsrates: Staatsministerin Prof. Monika Grütters MdB
Intendant: Bernd Scherer
Geschäftsführung: Charlotte Sieben